수학을 잘하고 싶어졌습니다

수학을 잘하고 싶어졌습니다

서준석 지음

서울대 3번 입학,
14년을 다니며
깨달은 공부의 본질

"수학은 나의 강력한 무기가 된다!"

다산
에듀

누구보다 수학에 진심이었던 공부 선배들이
이 책에 보내는 찬사

서준석 원장은 누구보다도 스스로에 대한 강력한 확신이 있는 사람이다. 그와 몇 마디만 나눠보아도 안다. 그가 얼마나 자신에 차서 빈틈없이 논리를 펼치는지. 이 책은 그의 화려한 학벌에 가려진, 그 누구보다도 지독하게 공부했던 치열한 학창 시절을 담고 있다. 얼마나 독하게 공부했으면 그 어렵다는 서울대를 세 번이나 들어간 걸까. 특히 후천적 수학 천재라고 불렸던 그의 공부 비법을 엿보자면 어렵게만 느껴졌던 수학과의 거리를 좁힐 수 있을 것이다. 수험생들의 험난한 수학 여정에 한 줄기 빛이 되길 바라본다.

- 미미미누 │ 청소년들의 워너비, 71만 유튜버

입시학원에서 강의하다 보면 공부 잘하는 학생들을 정말 많이 만난다. 그러나 끝까지 그 실력을 이어가는 학생은 몇 되지 않는다. 단순히 노력만으로는 성적을 잘 받을 수 없기 때문이다. 노력에 걸맞는 방식이 도입되어야만 실력에 모터를 달고 질주할 수 있다. 서준석 원장은 이 방법을 아는 사람이다. 타고난 머리와 기지로 자신만의 공부 비법을 터득했다. 수능으로 서울대 3연속 입학이라니, 미치지 않고서야 가능한 일이던가? 준석이는 그 일을 어렵지 않게 해냈다. 저자의 필살기 공부 비법을 통해 많은 학생이 실력에 모터를 다는 순간을 만나길 간절히 응원한다.

- 남휘종 │ 대치동 오프라인 1타 강사

입시 현역에서 물러난 지 20년이 넘어가는데도 서준석 원장이 여전히 수험생들과 어깨를 나란히 하며 수학 문제를 푸는 모습은 볼 때마다 경이롭다. 대체 어떤 방식으로 공부했기에 아직까지도 그 끈을 놓지 않은 걸까? 방금 전까지 공부했던 사람처럼, 머릿속 계산기를 두드려 입력된 공식을 적재적소에 착착 대입하는 그의 공부법이 궁금하다. 이 책에는 수학 문제를 당장 풀어야 할 학생들에게 도움이 되는 지식들이 숨겨져 있다. 책을 읽는 동안 나조차도 수학 문제가 풀고 싶어졌다.

- 조규붕 ｜ 하버드대학교 물리학과 박사이자 홍콩과학기술대학교 물리학과 교수

학창 시절, 서준석 원장은 인생을 가르는 중요한 시험에서 매번 좋은 성적을 냈다. 무슨 비법이 있는 건지 그의 공부 방식이 늘 궁금했다. 이 책에는 그 힘들다는 대치동 학원가에서 그가 끝끝내 살아남은 방식이 고스란히 담겨 있다. 어디에서도 들을 수 없었던 그의 수학 공부법을 통해 지금 이 시간까지도 수학으로 고통받고 있는 많은 학생이 힘을 얻길 바란다.

- 안형준 ｜ 국제수학올림피아드 메달리스트, 캘리포니아공과대학교 응용수학과 박사

서준석 원장은 늘 목표가 뚜렷했다. 언제나 자신이 성취하고자 하는 바를 향해 흔들림 없이 달렸다. 이 책에는 험난한 공부 여정을 완주한 그의 입시 풀스토리가 담겨 있다. 모든 공부가 그렇지만 특히 수학은 목표 의식을 가지고 임하는 것이 중요하다. 수학의 심오한 세계에 빠지고 싶든, 자연 현상을 설명하는 도구로 사용하고 싶든, 단순히 입시를 위한 일이든 상관없다. 어떠한 목표든 간에 그것을 달성하기 위해 부단히 노력하다 보면 어느새 수학이라는 학문의 아름다움에 흠뻑 빠진 자신을 발견할 것이다.

- 이승헌 ｜ 국제물리올림피아드 메달리스트, 포항공과대학교 물리학 박사

공부는 내게 모르는 것을 알 때까지
파고들어 스스로 정복하는 기쁨을 알려주었다

나는 서울대만 14년간 다녔다. 서울대 공대 전기공학부 4년, 서울대 의대 6년, 서울대 치의학전문대학원 4년. 총 28학기, 여기에 여름학기를 포함하면 무려 30학기다. 보통은 대학에서 4년을 보내고 대학원에 가도 2년이면 졸업하니, 나는 거의 3명의 학생이 다니는 기간을 합친 만큼 학교를 다닌 셈이다.

서울대 공대에 진학할 때는 좋아하는 수학과 과학을 맘껏 공부할 생각에 부풀었다. 그러나 전기공학부에서 전공으로 마주한 학업과 진로는 기대와는 많이 달랐다. 그때부터 나는 긴긴 번뇌의 시간을 겪으며 결단해야 했다. 내가 진정 원하는 행복한 삶을 살기 위해 무엇을 해야 하는지.

어떻게 보면 서울대 공대, 의대, 치대를 모두 졸업한 사람이자 의사면허와 치과의사면허를 동시에 가진 의료인이란 타이틀은 특별하고 대단해 보일 수 있다. 하지만 그보다 스스로도 대견하다고 자부하는 것이 있다. 비록 좌충우돌의 시간이 있었지만 결국엔 내가 원하는 삶을 스스로 설계했고, 부단한 노력 끝에 결실을 이루었다는 사실이다.

우리나라에서 입시를 준비하는 많은 학생이 가장 힘들어하는 과목은 수학이다. 수포자(수학 포기자)든, 중상위권이든, 1등급의 문턱에서 분투하는 학생이든 각자의 처지에서 수학은 극복하기 어려운 대상이다. 또한 대학 입시에 결정적인 영향을 미치는 과목 중 하나이기도 하다. 그러니 나의 이력을 안 사람들은 깜짝 놀라며 묻곤 한다.

"아니, 어떻게 서울대를 세 번이나 가셨어요?"

그다음 연이어 쏟아지는 질문 세례도 비슷하다.

"정말 머리가 좋으신가 봐요. 어떻게 하면 수학을 잘하나요?"

"특별한 비법 좀 공유해 주세요."

"성적을 빨리 올릴 수 있는 기술 좀 알려주세요."

수학을 잘하는 아이들과 오랜 시간 공부하면서 보게 된 수학 영재들의 특별한 공부 비법은, 미안하지만 사실 별다를 것이 없다. 그저 초등학교나 중학교 시절부터 꾸준하고 성실하게 조금씩 수학 실력을 쌓아온 것이 전부다. 뻔하고 당연한 말 같지만 이건 진짜다. 유명 입시학원과 과학고, 서울대를 거치며 만난 소위 공부 잘하는 친구들은 모두 꾸준했고 성실했다. 부모의 뒷받침이 있는 친구도, 없는 친구도 있었다.

하지만 주어진 상황은 다를지라도 이들에게는 모두 빠짐없이 공부를 열심히 했고, 최선을 다했다는 공통점이 있었다. 오랜 시간 꾸준히, 그리고 성실하게 모르는 것을 파고들고 정복해 나가는 것의 기쁨을 진정 아는 친구들이었다. 그건 나 역시 마찬가지였다. 고액 과외, 고액 학원, 부모님의 물질적 지원 등으로 깨칠 수 없는, 공부의 필요성과 중요성을 스스로 깨닫고 성취해 나가는 기쁨의 경지는 경험해 보지 않고서는 결코 알 수 없는 미지의 영역이다.

내가 공부로 풀고 싶은 이야기는 너무나도 많지만 이 책에서는 그중에서도 내가 가장 잘하는 것 위주로 이야기하고자 한다. 그건 바로 '수학'이다. 여기서 내가 말할 수학은 학자들이 다루는 전문적인 수준의 학문이 아닌, 단지 여러분이 좋은 대학에 수월하게 입성할 수 있도록 도와줄 마법의 양탄자 같은 입시 과목이다. 수능을 잘 보기 위한 수학은 생각보다 높은 수준을 요구하지 않는다. 시간을 들이면 모두가 일정 수준 이상의 점수를 낼 수 있는 그런 정직하고 고마운 과목이다.

그러니 이미 수학 포기를 선언한 수포자라도 인생에서 수학을 내려놓기 전에 이 책을 한 번만 읽어보길 바란다. 공부라면 질릴 정도로 많이 했고 또 굉장히 잘했던 사람으로서 여러분이 수학을 정복할 수 있도록 이끌어주겠다.

수학은 모든 과목의 초석이 된다. 수학만 잘해도, 수학을 잘할 수 있는 방법만 터득해도 다른 과목은 식은 죽 먹기처럼 느껴질 것이다. 단순히 오래 앉아 책만 파라는 고리타분하고 심심한 이야기를 할 생각은 없다. 내가 가장 자신 있는, 수학이라는 과목을 정복할 방법을 알려줌으로써 여러분이 원하는 대학에 좀 더 수월하게 합격하도록 만들어주기 위함이다.

인터넷도 스마트폰도 제대로 구비되어 있지 않던 1980~1990년대, 어머니와 나는 맨땅에 헤딩하듯 하나하나 치열하게 부딪히고 경험하면서 그 당시에는 존재하지도 않던 대치동 엄마와 대치동 키즈의 역할을 완벽하게 수행해 냈다. 너무나 고생했고 힘들었던 그 시절의 어머니와 내 모습을 답습하고 있을 누군가에게 조금이나마 도움을 주고 싶었다.

마지막으로 '나'라는 사람을 만들어준, 놀랍도록 체계적인 공부 계획을 세우고 이끌어주신 어머니에게 존경과 사랑을 담아 이 책을 바친다. 내가 가진 학력의 8할은 온전히 어머니의 몫이다. (나머지는 묵묵히 지원해 준 아버지의 몫이다.)

나이가 들수록 부모님처럼 한 사람을 인간으로서 훌륭히 성장시키는 일이 얼마나 어려운지 절실히 느낀다. 감히 나는 엄두도 못 낼 일이다. 어쩌면 이 책은 공부만큼은 부모님의 기대를 충족했으나 그 밖의 것들에서는 평균 이하의 효도를 해온, 언제나 물가에 내놓은 아이처럼 보일 자식으로서의 마지막 효도일지도 모른다.

세상에서 나를 제일 사랑하고 나를 위해 모든 걸 주셨던 부모님 그리고 무조건적인 사랑을 베풀어주셨던 할아버지와 할머니. 이 소중한 분들 덕분에 지금의 내가 겨우 사람 구실을 하며 살고 있고 또 책까지 낼 수 있게 되었다고 생각한다.

감사하고 사랑하며 늘 존경합니다.

2022년 12월

서준석

차례

PART 1

수학 공부가 내게 준 기회

PART 2

기본을 다지는 수학 워밍업 3단계

수학 공부가
내게 준 기회

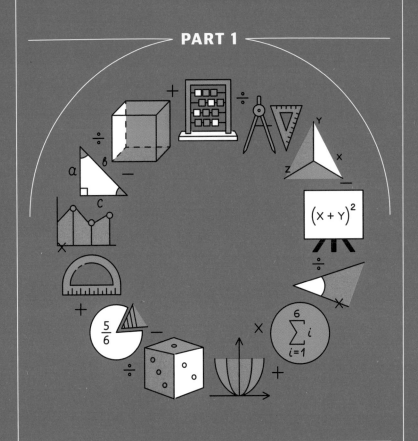

공부로 인정받고
싶었던 소년

엄마가 웃어준다면 1등이 하고 싶다

초등학교 입학 전에 나는 또래 친구들과 다름없는 평범한 일상을 보냈다. 어린이는 충분히 놀고 푹 자야 한다는 게 어머니의 교육 철칙이었기 때문이다. 공부라고는 집에서 '재능수학' 학습지로 초등학교 1학년 과정을 둘러보듯 예습했던 것이 전부였다. 한글도 입학 직전인 7살에 간신히 배웠을 정도였으니까.

초등학교에 입학하면서부터 '대치동 엄마' 0세대인 어머니의 진면목이 서서히 드러나기 시작했다. 어머니는 결혼 전 고등학교 수학 선생님이셨는데 덕분에 나는 일찍이 숫자를 접했다. 아니, 정확히는 '수학 문제'를 접했다. 학습지 선생님이 우리 집에 방문하진 않았지만 어머니가 가정방문 선생님 역할을 해주셨다. 어머니의 의도였는지 모르겠지만 손만 뻗으면 닿을 곳에 늘 수학이 있었다. 하지만 그때는 뭔가를 잘 해내야 한다는 압박감이 없었기에 즐거운 마음으로 공부의 맛을 경험했다.

사실 이때의 난 공부를 잘하고 싶은 마음이 스스로 우러나기에는 너무 어렸다. 그렇지만 공부가 중요하다는 사실은 어렴풋이나마 알았다. 어머니께서 누누이 공부를 잘해야 한다고 강조하셨기 때문이다. 어머니는 늘 "1등을 해야 한다"고 말씀하셨다. 실제로 내가 1등을 할 때마다 다소 엄했던 어머니 얼굴에는 미소가 피어올랐다. 그 얼굴을 보면서 1은 곧 좋은 숫자, 어머니를 기쁘게 해드리는 숫자로 각인되었다.

내가 초등학교에 다닐 당시 통지표에 반 등수는 물론이고 전교 등수까지 실렸는데, 사실상 내게 1등은 크게 어렵지 않은 일이었다. 어머니를 만족시키겠다는 생각에 열심히 노력하기도 했고 여기에 어느 정도는 타고난 공부머리가 더해져 반에서 1등을 놓치지 않았다. 1등이 적힌 통지표를 내밀자 환하게 웃어주시던 어머니의 표정은 지금도 잊히지 않는다. 항상 1등을 하기 위해 노력했던 것은 아마 이때부터였던 듯하다.

대치동 키즈가 되다

어릴 적 우리 집은 강동구 명일동에 있었다. 나는 이곳에서 어린 시절을 보냈고 자랐다. 유독 춥게 느껴졌던 초등학교 5학년 겨울, 때마침 방학이 시작되어 놀 생각에 신이 나던 참이었다. 그런데 어머니는 생전 처음 가보는 동네의 낯선 학원으로 날 데려갔다. 난생 처음 느껴본 대치동 학원의 모습과 날씨만큼이나 차가운 시선이 지금도 머릿속에 생생하다.

어머니가 그날 나를 데려간 곳은 강남구 대치동에 위치한, 대한민국에서 가장 유명하다는 수학 경시대회 전문 학원이었다. 전교를 넘어 전국에서 날고 긴다는 공부 잘하는 아이들이 모두 모이는 성지였다. 반에서 1등, 전교에서 1~3등을 놓치지 않던 나였지만 이곳에서만큼은 감히 명함을 내밀기 부끄러운 수준이었다. 학원이 주는 위압감에 눌려 강의실 입구에서부터 발걸음이 잘 떨어지지 않았다. 어머니는 그런 내 마음을 읽고 학원 문 앞에서 눈을 마주치며 이야기했다.

"여긴 수학을 잘 가르치는 선생님이 계시고 수학을 잘하는 아이들이 배우러 오는 곳이야. 이 학원에 들어가려면 시험을 치러야 해. 합격하면 이곳에서 공부할 수 있어."

나는 어렸지만 어머니의 그 말에 담긴 뜻을 알 수 있었다. 수학 실력을 한 단계 성장시키기 위해서는 무조건 이곳에 다녀야만 하고, 그러려면 입학시험을 무조건 잘 봐야 한다는 것을 말이다. 생전 처음 와보는 동네에서 낯선 친구들과 함께 공부해야 한다는 사실이 무섭고 두려웠지만 어머니의 믿음을 저버릴 용기는 없었다. 살면서 처음으로, 피할 수 없으면 부딪쳐야 한다는 말을 온몸으로 느낀 순간이었다.

대치동 학원에서 약 2주 정도 수업을 듣고 곧바로 분반 시험을 치렀다. 시험을 앞두고 마음을 졸여본 적 없던 내가 태어나 처음으로 걱정을 했다. 학원에서 사용한 교재는 『응용수학』이라는 문제집이었는데, 교과서만 봐온 내게 그 문제들은 상당히 어렵게 느껴졌다. 게다가 선생님께서 알려주는 풀이와 접근법은 그동안 학교에서 배웠던 것처럼 친절하고 자세한 느낌도 아니었다.

집에서 복습하면 잘 풀리는 문제도 있었지만 3분의 1 정도는 영 이해가 되지 않았다. 그렇다고 시험을 망칠 수는 없는 노릇이었다. 낯선 문제의 풀이 원리를 이해하지 못한 상태에서 내가 할 수 있는 방법은 한 가지였다.

'그래! 공식과 풀이법을 외우자!'

살면서 처음으로 치른 큰 시험이었다. 함께 시험을 보는 학생들이 척척 풀어나가는 모습을 보니 학교 1등이란 자부심은 온데간데 사라졌다. 내가 얼마나 우물 안 개구리였는지가 느껴지자 나 자신이 한심해지기까지 했다. 그렇다고 물러설 수는 없었다. '나는 반드시 붙어야 한다. 붙을 수 있다'라고 되뇌며 침착하게 시험을 봤다. 미리 외워둔 공식과 풀이를 떠올리며 숫자를 대입해 풀어나갔다.

최선을 다해 시험을 치렀지만 첫 시험인 만큼 결과에 대한 확신이나 기대는 하지 못했다. 그런데 기적이 일어났다. 대치동에서도 콧대 높기로 유명한 그 학원의 가장 높은 반에 합격한 것이다. 비록 아주 우수한 성적은 아니었지만 생각보다 점수가 괜찮게 나왔기에 희망이 생겼다.

'지금은 아마도 반에서 하위권이겠지. 하지만 열심히 수업을 듣고 공부하면 나도 상위권이 될 수 있을 거야.'

그렇게 나는 대치동 키즈가 되었다. 그곳에서 서울과학고에 들어가기 직전까지 햇수로 5년을 그야말로 치열하게 보냈다.

공부로 인정받고 싶은 마음

내가 초등학생일 때만 해도 대치동 키즈, 대치동 엄마라는 단어는 세상에 없었다. 그 단어가 사람들 입방아에 오르내리던 것은 2000년대 초반부터였을 것이다. 어머니는 그보다 10년이나 앞선

1992년 겨울, 서울 강동구 끝자락에서 강남의 중심으로 나를 이끌었다. 인터넷도 SNS도 없던, 그러니까 교육 정보가 지금처럼 난무하지 않던 시절부터 나의 어머니는 입시 학원가의 정보에 밝았다.

어머니는 매주 3~4회, 퇴근길 러시아워를 뚫어가며 대치동까지 나를 실어 날랐다. 무려 5년 동안이나. 그리고 나는 오후 6시부터 오전 12시까지 학원에서 집중 마크 당하며 공부를 시작했다. '○○초등학교 1등'이라는 수식어를 지우고 수재들 사이에 낀 채 밑바닥부터 다시 올라가야만 하는 외롭고 긴 싸움이었다.

그렇게 나는 어머니의 강력한 통제 아래 공부를 잘하는 학생으로 성장했다. 매일 정해진 학습 분량을 끝내지 않으면 크게 꾸중을 들었다. 어쩌다 1등을 놓치는 날에는 어머니의 얼굴에 실망감이 여지없이 드러났다. 나는 혼나지 않으려고, 또 어머니를 실망시키지 않으려고 공부했다. 하지만 나 역시 친구들과의 놀이를 도중에 멈추고 책상으로 돌아가려면 큰 의지가 필요했다. 어린 마음에 친구들과 조금만 더 놀고 싶어 하면 어머니는 단호히 말씀하셨다.

"준석아, 놀고 싶은 마음은 엄마도 충분히 이해해. 하지만 지금 중요한 건 더 놀고 싶은 마음을 억제할 수 있는 힘을 기르는 거야. 그러면 나중에 원하는 놀이도 맘껏 하고, 갖고 싶은 장난감도 다 가질 수 있는 강한 어른이 될 수 있어."

어머니의 말은 늘 내게 강력한 동기가 되었다. 아무리 친구들과 재미있는 놀이가 시작되었더라도 어머니의 말을 떠올리면 놀이를 뒤로하고 공부하러 갈 수 있었다. 이렇게 나는 정해진 분량을 매일 학습하는 습관을 초등학생 때부터 길렀다. 그리고 이는 훗날 내게 큰 힘이 되었다. 공부를 잘하는 데 가장 중요한 것이 바로 공부 습관, 그리고 더 중요한 것은 습관을 만들 수 있는 꾸준함이기 때문이다.

돌이켜 생각해 보면 어떻게 그런 힘겨운 공부 여정을 지나쳐 왔는지 스스로도 대견한 마음이 들 정도다. 겨우 초등학교 5학년이었던 어린 나이에 새벽 6시에 일어나 두세 시간씩 공부하고 등교했다. 방학이라고 허투루 시간을 보내지 않았다. 아침부터 밤까지 시간별로 그날 해야 할 과목의 공부량을 정해놓았고, 목표를 달성한 후에야 놀이나 휴식 시간을 가졌다.

언제나 공부에 최선을 다한 덕분에 나는 늘 전교에서 1등이었다. 마흔이 넘은 지금도 1등이라는 말을 들으면 심장이 두근거린다. 그만큼 1등이라는 타이틀은 나이를 불문하고 꽤나 중독적이다. 연거푸 1등을 하고 나니 다시는 1등을 놓치고 싶지 않다는 뭔지 모를 욕심 같은 감정이 내 안에서 꿈틀거렸다. 어머니의 칭찬, 학교 선생님들의 존중, 친구들보다 더 나은 존재가 된 것 같은 그런 우월감에 나는 빠르게 중독되었다. 그게 내 공부의 이유이자 원동력이었다.

내 안의 벽을
깨기 위한 공부

이해되지 않는 배움을 마주하다

생각해 보면 나는 수학을 두려워해 본 적이 없었다. 고등학교 수학 선생님이셨던 어머니의 영향이었다. 그렇다고 딱히 수학을 좋아한 것은 결코 아니지만, '수학이 재밌다'라는 생각을 처음 하게 된 건 학원에 다니면서부터였다.

그곳은 학교와 닮은 듯하면서도 달라 모든 게 신기했다. 지저분한 분필과 검은색 칠판이 대부분이던 시절에 유독 고급스러워 보이던 깔끔한 화이트보드와 마킹펜, 사는 곳이 전부 다른 30여 명의 아이들, 깨알 같은 글씨로 가득한 교재 그리고 선생님의 강의 방식까지도 모두 처음 접하는 것이었다.

그중에서도 특히 그곳에서 풀던 문제들은 이상하기 짝이 없었다. 분명 학교에서 배운 개념을 기반으로 한 문제라고 했는데, 그것을 풀이하는 법은 사뭇 달랐다. 수학적 논리를 바탕으로 스스로 문제의 실마리를 찾아야 하는 사고력 문제 앞에서 나는 당황했다.

'이런 문제를 대체 왜 풀지?'

'이걸 왜 이렇게 해결해야 하지?'

'지금 당장 중간고사가 코앞인데 시험에 전혀 도움이 안 되는 문제 아니야?'

학교 시험 대비하랴, 학원에서 배운 진도 복습하랴 바쁜 와중에 그런 생각들이 파고들었다. 어머니는 흔들리는 내 마음을 단번에 알아채셨다. 언제나처럼 늘 나와 내 주변 상황을 아우르고 계셨다. 내게는 동기, 즉 공부할 이유가 필요했다. 단지 어머니의 기쁨을 위해 공부하기에는 내게 주어진 문제의 수준이 너무 높았다. 공부의 벽을 맞닥뜨릴 때마다 어머니는 내게 매우 따끔하고 효과적인 채찍질을 해주셨다.

"준석아, 초등학교와 중고등학교의 문제는 달라. 지금 학교 시험을 잘 치른다 해도 미리 준비하지 않으면 중학교 수학을 풀기가 어려워져. 지금부터 여기 학원의 커리큘럼을 따라 배우고 연습하고 또 생각하면서 많이 풀어야 중학교에 가서도 전교 1등을 할 수 있단다."

어머니의 말 중에서도 내 귓가를 맴도는 말은 '전교 1등'이었다. 중학교에 가도 당연히 1등을 할 거라고 생각했지, 못할 수도 있다고는 미처 생각해 보지 않았던 것이다. 나는 점점 조바심이 들기 시작했다.

수학에 내민 첫 도전장

내가 혼돈의 시간을 보낼 동안 학원 친구들은 공부에 매진했다. 분명 나랑 동갑인 친구들인데 생각도 행동도 어른스러운 것이, 모두 다른 세계에서 온 사람 같았다. 하지만 학원의 첫 시험에서 스스로 만족할 만한 점수를 받았던 터라 나름의 자신감이 있었다. 하던 대로 하면 이곳에서도 1등을 할 수 있을 것만 같았다.

그러나 첫 수업에서 난 스스로의 실력에 실망, 아니 절망했다. 선생님이 하는 말은 단 한 문장도 이해할 수 없었고 문제집에 풀이 과정을 단 한 줄도 쓰지 못했다. 그에 반해 옆자리 친구의 노트는 빼곡했다. 선생님 말씀에 대답도 질문도 자신 있게 하고 연신 고개를 끄덕이며 충분히 이해한다는 표정을 지었다. 나만 이해하지 못하고 있는 상황, 공부로 자존심이 상하는 심정을 그때 처음 느꼈다. 나는 늘 1등이었으니까. 이곳을 벗어나 내가 제일 잘하는 곳으로 도망가고 싶었다. 어머니는 역시 내 절망을 알아채셨다.

"누구나 처음엔 다 어려워. 엄마도 이런 문제를 처음 풀 땐 그랬는걸. 아마 학원 친구들도 처음엔 헤맸을 거야. 그 시간을 견디고 노력하면 실력이 오르는 걸 느낄 수 있어. 한 번 더 도약하는 거지."

수학 선생님이셨던 어머니도 처음 수학을 배울 땐 어려웠다고 하니 조금 위로가 되는 듯했다.

'그래, 해보지 뭐. 여기 친구들도 나보다 조금 먼저 시작해서 잘하는 거야. 나도 하면 더 잘할 수 있어. 수학을 내가 제일 좋아하고 잘하는 과목으로 만들자.'

그때부터 나만의 수련이 시작되었다. 학원에서 준 문제들은 어디서부터 풀이의 실마리를 잡아야 할지 짐작조차 안 될 만큼 생소하고 어려웠다. 심지어 문제의 뜻을 이해하려면 한참을 생각해야 하는 문제도 있었다. '대체 뭘 구하라는 거지?'라는 생각부터 들게 되는 문제들 말이다.

일단 답을 구하기 전에 문제부터 이해해야 했다. 문제를 읽고 또 읽으며 출제자가 원하는 게 뭔지 이해하는 연습을 시작했다. 아무리 읽어도 이해가 되지 않으면 해설지를 펼쳤다. 그때까지만 해도 문제를 쓱쓱 풀어냈지, 해설지부터 거슬러 올라가 본 일이 없었다.

학교 선생님이나 어머니도 늘 '해답을 먼저 보면 수학에서 가장 중요한 창의력과 사고력을 기를 수 없다'고 말씀하셨고, 나 역시 이것에 동의했다. 무엇보다 문제를 직접 풀지 못하고 답부터 찾아보는 건 자존심이 상하는 일이었다.

하지만 이미 자존심은 한풀 꺾였으니 이판사판이었다. 해설지를 보며 문제를 이해해 보려고 마음을 다잡았다. 그럼에도 이해가 안 되는 것은 선생님께 들고 가 도움을 청했다. 그렇게 물어보고 또 물어보며 답을 찾아내려고 애썼다.

문제를 이해한 후에는 해설지의 풀이를 내 것으로 만들기 위해 계속해서 읽고 손으로 옮겼다. 풀이가 완벽하게 손에 익었다고 생각되면 해설지를 덮고 다시 문제를 풀었다. 해설지로 시작한 공부는 반드시 다시 풀어보는 반복이 필요하다. 그래야 온전히 내 것이 될 수 있다. 그래도 어려우면 그저 풀이를 따라 하며 이해하기를 실천했다. 여러 번 반복해 따라 풀다 보면 그 어떤 어려운 문제도 손에 잡히기 마련이다.

공부로 한계를 뛰어넘다

아무리 노력해도 실력이 나아지고 있음이 눈으로 보이지 않는 현실에서 사실 나를 더 괴롭힌 것은 따로 있었다. 바로 다른 친구들과의 비교였다. 내가 홀로 인고의 시간을 보내는 동안, 주변 친구들은 여전히 문제를 쓱쓱 풀어내고 있었다. 내가 1시간 동안 한 문제를 풀면 친구들은 4~5문제를 풀었다. '난 풀이법을 봐도 이해가 잘 안 되고, 한 문제를 푸는 데 시간도 오래 걸리는데 내가 과연 그들을 따라잡을 수 있을까?' 하는 회의감이 들기도 했다.

가끔은 학원에서 도망쳐 내 수학 실력을 맘껏 뽐낼 수 있는 학교에만 있고 싶었다. 하지만 평생 학교에 머물 수만은 없다는 사실을 알고 있으니, 그때마다 마음을 다잡았다. 이해도 안 되는 풀이법을 보고 또 보고, 물어보고 또 물어보면서 수학 실력을 길렀다.

지금 생각해 보건대, 그럴 수 있었던 것은 아마도 공부에 대한 자부심이나 자존심 때문이 아니었을까 싶다. 아직은 많이 부족하지만 나도 노력하고 또 노력하면 저 친구들처럼 잘할 수 있을 거라는 마음이 남아 있었다. '나는 나만의 속도로 더 멀리 나아가겠어'라며 스스로 주문을 되뇌었다.

그런 인고의 시간이 몇 달 정도 지나자 신기하게도 어느 순간부터 풀이를 보지 않아도 실마리를 찾을 수 있는 문제들이 조금씩 생기기 시작했다. 여전히 한 문제를 푸는 데까지 한 시간이 걸렸지만 답을 찾는 과정이 재미있었고, 답을 찾는 데 여러 방법이 존재한다는 것도 깨달았다. 나는 이때가 드디어 내 실력이 산수라는 벽을 깨고 사고하는 수학의 세계로 진일보한 시기였다고 생각한다.

몇 달 전까지만 해도 도저히 해독이 불가능한 암호 같았던 『응용수학』 문제가 이제는 만만하게 느껴졌다. '이 정도 수준의 문제는 조금만 고민해 보면 풀 수 있겠는데?' 하는 생각이 들자, 바닥으로 떨어졌던 자신감이 회복되기 시작했다. 수학이라는 과목이 주는 희열도 조금씩 느낄 수 있었다. 학원에 다닌 지 6개월, 6학년 여름방학을 앞두고 실시된 분반 고사에서 나는 꽤 많은 문제를 풀어내고 당당히 상위권에 안착했다.

처음부터 고난도의 문제를 기발한 풀이법으로 쓱쓱 풀어내는 수학적 재능을 가진 사람은 많지 않다. 나도 우여곡절의 시간을 보냈지만 결국에는 꾸준한 '노력'으로 이뤄냈다. 그 노력의 구체적인 방법은 풀이법을 온전히 자기 것으로 만드는 것이다. 단순히 풀이 과정을 이해하는 데 그치지 않고, 직접 내 손으로 그 풀이법을 다시 써먹을 수 있도록 흡수하는 것이 핵심이다. 그러면 경시대회 수준의 어려운 문제들도 충분히 정복할 수 있다.

수학 문제를 풀 때 절대 풀이법을 보지 말라는 말은 사실 정말 어려운 수학 문제들을 제대로 공부해 보지 않고 하는 말이다. 수학에 천재적 재능이 없는 대다수 학생은 당장 고난도 문제를 이해하는 것부터 어렵다. '이해부터 하라'는 조언은 이제 막 영어를 배우는 사람에게 유창하게 말부터 하라는 것과 같다.

아직 문제의 뜻조차 파악하지 못하겠다면 '따라 하며 생각하기'를 수백 번 반복해야 한다. 그러다 보면 정말로 "유레카"를 외치는 순간이 온다. 그때 완벽하게 이해하고 자기 것으로 만들어라. 그것이 내가 처음으로 마주한 '수학이라는 벽'을 뛰어넘으면서 직접 경험하고 내린 결론이다.

자신감을 동력 삼아 전진하다

나만의 공부 방법과 속도를 찾아 성적을 높이며 얻은 성취감으로 자신감을 회복한 나는 이제 이전과는 다른 경지에 오른 기분이 들었다. 예전에는 늘 수학에 자신만만하고 뛰어난 성적을 내던 학원 친구들이 나오는 별개의 세상에 사는 사람처럼 거리감이 느껴졌는데, 이제 나도 조금은 동질감을 느낄 수 있었다. '이 친구들도 나처럼 노는 것도 좋아하지만 그저 공부를 더 열심히 해서 좋은 성적을 받았던 거구나' 싶었다. 시간과 노력을 기울이면 무엇이든 이룰 수 있다는 어머니의 말도 실감났다.

6학년 2학기 무렵, 학교에서 처음으로 교내 수학 경시대회를 치렀다. 당시 학교는 곧 졸업할 학생들에게 동기를 부여하고 공부 자극을 줄 목적으로 경시대회를 연다고 했다. 그래서인지 학교 정기 시험에서는 보기 어려운 문제들이 출제되었다.

시험이 끝나고 여기저기서 한숨이 터져 나왔다. 나와 경쟁하던 전교권 친구들도 예외는 아니었다. 만점은커녕 한두 개 틀린 학생도 거의 없었던 것으로 기억한다. 그런 상황에서 나는 만점을 받았다. 그때의 감정은 이루 말로 표현할 수가 없었다. 학교 시험에서 만점을 숱하게 받아봤지만 그건 으레 있는 일이었다. 하지만 고난도 문제가 출제된 그 대회에서 홀로 만점을 받았다는 행복감과 뿌듯함은 오래도록 가슴에 남았다. 그리고 그 경험이 나의 자신감이 되었다. '내가 잘하고 있구나, 이대로 계속해도 되겠구나'라는 마음의 자신감.

이 기세를 몰아 전국 초등학교 수학 경시대회에 도전하기로 마음먹었다. 그 당시 경시대회는 수학 천재라고 불리는 아이들이 나가는 것이었기에 다른 차원의 세계, 그들만의 리그라는 생각이 박혀 있었다. 그러나 이제 내게는 자신감이 있었다. 지금까지 공부해 온 것처럼 어려운 문제도 포기하지 않고 오랜 시간을 들여 깊이 있게 고민하고 풀이법을 익히다 보면 전국 경시대회라는 상대 또한 넘어설 수 있겠다는 확신이 들었다.

우선 내가 쉽게 풀 수 있는 문제가 아닌, 어떻게 풀어야 할지 고민하게 되는 여러 고난도 문제들을 펼쳐 다시 한 문제씩 차근차근 완벽하게 복습했다. 그동안 이러한 학습 과정을 거치면서 수학 실력이 향상되고 있음을 체감해 왔기 때문이었다. 그리고 나의 생각은 정확히 적중하여 마침내 전국 단위 경시대회에서 처음으로 은상이라는 결실을 이루었다.

내게는 금상보다 더 값진 상이었다. 문득 수학 학원에서 만났던 첫 문제가 떠올랐다. 전혀 이해할 수 없었던 문제를 마주하며 이런 날이 올 것이라곤 전혀 생각하지 못했는데, 1년 만에 그야말로 일취월장한 것이다. 열심히 공부한 순간이 결코 헛된 시간이 아니었다고, 그 시간 덕분에 수학이라는 벽을 깰 수 있었다고 나 자신에게 말해 줄 수 있었다.

이쯤 되니 스스로 수학에 꽤 재능이 있다는 생각이 들어 조금은 우쭐했다. 그러나 안타깝게도 그런 착각은 오래가지 않았다. 내 앞에는 계속 새로운 벽이 기다리고 있었다. 그것은 마치 적을 쓰러뜨리면 새로운 적이 나타나는 게임과 비슷했다.

끝없이 나를 시험하는 수학 공부

중학교에 입학하고 1학기가 끝날 무렵이었다. 지금도 얼굴과 이름까지 정확히 기억나는 서판석 원장 선생님이 처음 보는 두껍고 작은 책을 들고 강의실에 들어왔다. 그러고는 비장한 어투로 말했다.

"이제 너희들은 한 단계 더 올라서야 한다. 이 책은 수학을 제일 잘하는 학생들이 보는 책이다. '인수분해'라는 단원을 지금부터 여름방학이 끝날 때까지 약 3개월간 완벽하게 마스터해라."

선생님이 보여준 책은 『실력 수학의 정석』이었다. 이름도 생소했지만 모양새는 더 이상했다. 멀리서 보면 벽돌처럼 보일 정도였다. 보통 수학 문제집은 A4 용지 크기이거나 그보다 더 컸는데 이 책은 A4 용지의 반만 한 크기에 두께는 보통 문제집의 거의 두 배였다. 게다가 단단한 하드커버로 된 겉모습은 왠지 모르게 더 긴장감을 자아냈다.

1960년대부터 2000년대 초중반까지 고등 수학의 바이블로 이름을 날린, 수학 공부 좀 한다는 학생이면 최소한 한두 번은 본다는 『수학의 정석』과의 첫 만남이었다. 『수학의 정석』은 기본 편과 실력 편으로 나뉘는데 대개 기본정석, 실력정석이라 부른다. 두 책 다 개념 설명이 충실하게 되어 있는데 차이점은 난이도다. 실력정석은 필수예제와 유제의 난이도가 기본정석보다 어려워 심화서로 분류된다.

내가 배워야 할 책은 실력정석이었다. 사실 당시에는 기본정석이 따로 있는 줄도 몰랐다. 원장 선생님이 풀어야 한다고 한 문제집이니 그저 투지가 활활 타오를 뿐이었다. 그러나 투지는 투지일 뿐, 그

날부터 바로 길다면 긴 나의 수학 인생에서 손꼽힐 만한 지독한 고비가 시작되었다.

지금까지 스스로 수학에 재능이 있다고 자부해 오던 것과는 다르게 실력정석은 90% 이상이 무슨 말인지, 이런 공식이나 풀이가 왜 필요한지 전혀 알 수가 없었다. 돌이켜 생각해 보면 인수분해를 왜 배우는 것인지 앞뒤 설명도 없이 다짜고짜 처음 보는 어려운 책으로 독파해야 했으니, 당황스럽고 내용도 이해되지 않는 게 당연하다는 생각도 든다.

나뿐만 아니라 나와 같이 공부하던 상위권 친구들도 대부분 이해는커녕 시작도 못하고 헤매기에 바빴다. 하지만 어디에나 고수는 있는 법. 처음부터 문제를 척척 푸는 학생들이 몇몇 있었다. 처음엔 '어떻게 설명을 한 번 듣고 바로 풀지?' 하고 의아했는데 알고 보니 그들은 이미 앞선 내용을 배우고 온 것이었다.

'나도 미리 배우고 왔다면 그리 어렵지 않게 알 수 있었을 텐데……. 문제를 이렇게 못 풀지는 않을 텐데…….' 하는 생각이 나를 괴롭혔다. 무엇보다 쪽지 시험을 볼 때마다 매번 80~90점을 받는 그들을 보면서 20점도 받지 못하는 내가 초라하게 느껴졌다.

그런 시기가 한 달 이상 지속되니 심적으로 너무 괴로웠다. 수업시간도 길게 느껴졌고 문제를 풀 때면 눈앞이 깜깜해졌다. 그러던 어느 날, 태어나서 처음으로 0점을 받게 되었다. 단 한 문제도 맞히지 못했다는 사실이, 내가 처참하게 실패한 그 시험에서도 여전히 고득점을 받은 학생들이 있다는 사실이 열심히 하면 된다는 나의 믿음을 송두리째 뒤흔들었다. 깊은 수렁에 빠져 발 하나도 들어 올리지 못하는 기분이었다.

그동안 한 번도 포기하고 싶다거나 못할 것 같다는 얘기를 입 밖으로 내지 않았던 나는 처음으로 어머니에게 이렇게 말을 꺼냈다.

"엄마 나 수학에는 재능이 없는 것 같아요. 정말 열심히 하는데 도무지 모르겠어요. 그 정도 머리는 못 되나 봐요."

어떤 문제도 풀어낼 자신감을 얻다

"네 한계와 재능을 미리 단정하지 마. 한계를 정하면 정말 그것밖에 못 하게 되거든. '할 수 있을까, 없을까. 수학 머리가 있을까, 없을까'를 생각하는 것보다 그냥 하던 공부를 계속하면 어느새 한계를 뛰어넘게 돼. 그리고 넌 충분히 재능이 있어."

어머니의 독려는 언제나 그렇듯이 내게 큰 힘이 되었다.

'지금 잘하는 친구들은 조금 빨리 시작했을 뿐이다. 그들도 처음에는 나처럼 막막하고 좌절했던 시기가 있었겠지. 하지만 먼저 출발한 사람이 먼저 도착한다는 법도, 더 잘한다는 법도 없지. 승부는

마지막에 결정되는 거니까. 그래, 끝까지 가보자. 인수분해를 끝장 낼 때까지.'

그렇게 마음먹으니 마음이 한결 편안해졌다. 이내 걱정하느라 보낸 시간이 아까워졌다. 그때부터는 공부에만 신경 썼고 공부에만 집중했다. 3개월간 집과 학원만 오가며 실력정석에 파묻혔다. 이때도 나의 공부법은 학원에서 첫 번째 벽을 넘을 때와 똑같았다. 풀이법을 보고 완벽하게 이해한 후, 비슷한 문제를 풀어보는 연습을 100번 넘게 반복했다. 비슷한 유형의 문제를 스스로 풀 수 있을 때까지 멈추지 않았다.

다른 점이 있다면 이번에는 나처럼 풀이법을 보지 않으면 도저히 문제의 실마리조차 찾지 못하는 학생이 꽤 많아졌다는 것이었다. 우습게도 그 사실이 높디높은 벽에 부딪힌 내게 위안과 힘이 되었다. 살면서 한 번도 수학 점수를 50점 이하로는 받아본 적이 없는 친구들이었다. 우리는 0점, 5점, 10점이란 점수를 서로 보여주면서 깔깔거렸다. "그래도 난 이번에 0점은 아니다", "0점은 그래도 좀 심하지~"와 같은 농담을 주고받으며 서로 의지했다. 만약 그 친구들 없이 혼자 20점도 안 되는 점수를 받았다면 아마 나는 그때 대치동 학원 생활을 접었을지도 모르겠다.

그렇게 3개월 후, 절대 깰 수 없을 것 같았던 실력정석의 '인수분해'라는 벽에 서서히 균열이 생기기 시작했다. 외계어 같던 문제들이 조금씩 친숙한 수학의 언어로 보이기 시작했고, 그러자 매주 치르는 시험에서 20점 이상 나오지 않던 점수가 30점, 40점…… 올라가기 시작했다. 결국 문제집에 나오는 모든 인수분해 문제를 확실히 이해하고 풀 수 있게 되었다. 그 경험이, 나를 규정하거나 판단하지 않고 묵묵히 달린 경험이, 내가 넘지 못할 거라고 생각했던 한계를 넘어선 경험이 후에 내 인생을 좌우한 값진 자산으로 남았다.

그건 단순히 수학 좀 한다는 자신감이 아니었다. 앞으로도 무엇이든 할 수 있다는 자신감, 그 어떤 벽도 깰 수 있다는 자신감이었다.

한계를 뛰어넘는 순간, 공부가 재미있어진다

수학의 묘미를 알다

지금 옆의 친구보다 늦게 시작해서, 그 친구보다 점수가 낮아서 주저앉고 싶다면 그래도 된다. 하지만 그러면 여러분은 자신이 할 수 있는지, 없는지를 끝내 알 수 없을 것이다.

0점 앞에서 굴복하고 공부를 그만뒀다면 나 역시 내가 인수분해를 정복할 수 있다는 사실과 나보다 빨리 시작했던 학생들의 상반된 결말을 알 수 없었을 것이다.

실력정석을 배운 지 어느덧 1년이 지났을 무렵이었다. 1년 전 인수분해 방법을 미리 배우고 와 좋은 성적을 받은 학생들은 여전히 나보다 실력이 월등히 높았을까? 그들 중 대부분은 사고력과 창의성을 요하는 문제 앞에서 진짜 실력이 드러나고야 말았다. 풀이 방법은 미리 배워 풀 수 있어도 사고력 문제는 미리 배운다고 해결할 수 있는 게 아니었다. 문제를 이해하지 못하고 점수가 떨어지는 날이 계속되자 많은 이가 더는 학원에 나오지 않았다.

오히려 처음엔 저조했어도 포기하지 않고 각자 자신만의 벽을 깬 친구들과 나는 1년 후에도, 2년 후에도 같은 강의실에서 함께 공부했다. 인내하고 생각하고 노력하기를 매일매일 꾸준히 한 결과다. 결국 그들이 학교 대표로 전국 수학 경시대회에 출전해 수상하게 되었고, 서울과학고나 한성과학고에 진학하게 되었으니 말이다.

수학 공부에는 빠르고 늦음이 없다. 얕게 공부했나, 깊게 공부했나가 있을 뿐이다. 그러니 선행학습으로 진도 나가기에 너무 연연하지 않아도 된다. '누구는 어디까지 훑었다는데, 누구는 어느 문제집을 몇 바퀴 돌았다는데……' 하며 애끓을 필요가 없다.

선행을 하지 말라는 의미가 아니라, 선행을 할 때 얕고 빠르게 유형 문제로 암기하듯 공부하면 언젠가 사고력을 요하는 고난도 문제 앞에서 무너지게 된다는 의미다. 그러니 조금 천천히 가더라도 사고력 문제를 끙끙거리며 푸는 시간이 필요하다. 어떤 문제는 며칠

이 걸릴 수도 있다. 하지만 그렇게 풀어내면 분명 그 시간이 여러분에게 보답할 것이다.

한 문제를 며칠씩 푸는 게 가능할까? 수학의 묘미는 교과서와 펜이 없어도 그냥 머릿속으로 온종일 수학 문제를 생각할 수 있다는 데 있다. 기본적인 수학 실력이 갖춰지고 약간의 훈련을 하면, 쉽게 풀리지 않는 수학 문제를 머릿속으로 계속 생각하면서 해답의 실마리를 찾을 수 있다.

이것이 국어나 영어 또는 기타 암기 과목들과는 구별되는 수학의 가장 큰 장점이다. 꼭 스터디 카페나 책상 앞에 자리를 잡고 앉아 시간을 내서 공부하지 않더라도, 세수하거나 등하교를 하고 길을 걸으면서도 얼마든지 수학 문제를 생각하고 풀 수 있다. 굳이 내 눈앞에 문제가 적힌 책이나 패드, 종이 그리고 펜이 없어도 된다.

물론 머릿속으로 수학 문제를 푸는 능력이 하루아침에 갑자기 생기지는 않을 것이다. 하지만 초등학교 때부터 꾸준히 연산 능력과 사고력을 기르면 적어도 중학교 2~3학년 무렵부터, 늦어도 고등학교 때부터는 가능하다.

이런 시간이 쌓이면 쌓일수록 수학 실력도 점차 빠르게 늘게 된다. 그렇게 실력이 쌓이면 한 문제나 하나의 개념을 가지고도 짧으면 2~3일, 길면 일주일 이상 생각할 수 있게 된다. 그러다가 어느 순간 실마리가 떠오르거나 완벽하게 이해가 되어서 그 문제를 명쾌하게 풀게 되었을 때 느끼는 쾌감은, 경험해 본 사람만이 알 수 있는 수학의 가장 큰 묘미일 것이다.

이토록 재미있는 수학이라면

게임은 누구나 시작할 수 있지만 재미를 붙이고 잘하기는 쉽지 않다. 처음 게임에 입문할 때는 생소한 게임 용어와 규칙을 익혀야 한다. 캐릭터가 나오는 게임이라면 플레이어의 부족한 실력만큼이나 캐릭터의 기술, 무기, 전술도 부족하다. 그러니 게임 초보자는 스테이지를 한 판 한 판 깨나가기가 어렵게 느껴진다. 조금만 싸워도 에너지가 떨어져 버리니 말이다. 스트레스가 풀리기는커녕 짜증이 늘고 감정도 격해진다.

게임을 즐기려면 그 고비를 넘겨야 한다. 시간과 노력을 들여서, 어떻게 해야 할지 궁리도 하면서 캐릭터를 성장시켜야 한다. 그러면 차츰 미션을 수행하고 아이템을 얻으며 레벨이 올라간다. 캐릭터의 옷과 무기도 더 좋은 것을 장착할 수 있다. 그제야 게임의 재미를 느끼게 된다. 레벨이 오르면 오를수록 할 수 있는 것이 많아지니 더 잘하게 된다. 이렇듯 게임도 잘해야 즐겁고 그다음을 바라보면서 계속할 수 있다.

그런 면에서 수학은 게임과 같다. 처음엔 기초가 부족하니 자꾸 틀리고, 이론을 배워도 무슨 말인지 이해하지 못한다. 그러니 재미를 느낄 수 없다. 나 역시 그랬다. 수학 학원에 처음 갔을 때나 시험을 칠 때마다 20점을 넘기지 못했을 때 그 무력감은 이루 말할 수 없었다. 이때 내가 가장 잘한 것은 그 무력감에 잠식되지 않았다는 것이다.

나 자신과 내 잠재력을 믿고 시간과 노력을 들이며, 궁리하고 또 궁리해서 그 고비를 넘겼다. 그러자 게임 캐릭터의 스킬이 하나씩 늘어나듯 이해력, 문제해결력, 사고력이 점차 늘어났다. 끙끙 앓던 문제가 쉽게 풀리면서 성적도 함께 올랐다. 그야말로 나라는 캐릭터의 레벨업이 이루어진 것이다. 실력이 향상될 때마다 재미는 제곱이 되듯 높아져만 갔다.

알고 보면 세상 모든 일이 그렇다. 자전거의 첫 바퀴를 굴릴 때까지는 결코 자전거 타기의 재미를 알 수 없다. 한 곡을 끝까지 연주해 낸 기쁨은 건반을 눌러보는 재미에 비할 바가 아니다. 한 동작 한 동작을 배울 때는 힘들겠지만, 끝내 비보잉 기술을 해냈을 때 비로소 기쁨을 누릴 수 있다. 무엇이든 수십 번에서 수만 번 실패하는 연습의 시간을 거쳐야 비로소 희열을 얻을 수 있는 것이다. 그리고 그 희열을 얻는 배움은 각자 다르다. 내겐 수학이 그러한 희열을 안겨준 배움이었다.

'이토록 재미있는 수학이라면 또 다른 벽에서 또 실패하더라도

다시 도전하고 싶고 더 배우고 싶다.'

그런 갈망이 생기자 수학을 심도 있게 공부할 수 있는 학교로 진학하고 싶어졌다. 서울과학고등학교로 진학하면 이 재미있는 수학을 더 잘하게 되리라. 잘하면 또 새로운 재미를 알아갈 수 있겠다는 생각에 이르니 공부의 목표가 순식간에 세워졌다. 그 목표는 대치동에 나를 데리고 온 어머니의 목표도, 학원에서 알려준 목표도 아니었다. 처음으로 스스로 세운 꿈이자 목표였다.

반드시 과학고에 가겠다는 마음으로

당시 과학고 입시는 크게 두 가지로 나뉘었다. 우선 첫째는 전국 규모의 공인된, 당시로서는 유일한 수학 경시대회였던 전국 중학생 수학 경시대회(교육부 주최)에서 수상해서 이 실적을 가지고 특차 전형에 지원하는 방법이다. 또 하나는 중학교 3년간의 내신 성적과 중학교 3학년 말에 치러지는 고입 선발고사의 점수, 그리고 면접 점수를 합쳐서 일반 전형에 지원하는 것이었다.

수학 실력에 자신감이 붙은 중학교 1학년 무렵부터, 나는 중학교 3학년 1학기에 개최하는 전국 수학 경시대회에서 최대한 높은 상을 수상해서 특차 전형으로 서울과학고에 합격하는 것을 제1의 목표로 삼았다. 나와 함께 대치동 학원에서 2~3년간 동고동락했던 친구들도 마찬가지였고 말이다.

하지만 결론부터 말하면 나의 이 계획은 실패했다. 학교에서 단 한 명만을 선발하는 경시대회 대표로 뽑히는 데까지는 성공했다. 하지만 서울시의 각 학교에서 대표로 나온 학생들끼리 예선을 치러서 전국 대회에 나갈 학생을 선발하는 대회에서 동상 이상을 수상하는 데 실패하고 만 것이다. 아쉽게도 동상 바로 아래의 우수상에 그쳤다.

사실 당시 내 실력의 절반만 발휘했어도 동상 이상은 충분히 수상할 수 있었다. 그런데 그동안 내가 들인 시간과 노력에 대한 부담감과 부모님의 기대에 부응해야 한다는 필요 이상의 압박감 때문에 뻔히 아는 문제인데도 손이 떨려서 제대로 풀이를 쓰지 못했다. 그 결과 학원 원장 선생님도, 부모님도, 학원 친구들도 그리고 나 자신도 전혀 예상하지 못했던 최악의 결과를 마주하게 되었다. 이때가 나의 초중고 12년간의 공부 인생에서 가장 큰 좌절과 실망을 맛본 시기였을 것이다.

생각해 보면 이런 큰 좌절이 오히려 나를 더 단단하게 만들었다. 나는 '꼭 서울과학고에 가고 말겠다'는 오기로 여름방학부터 차근차근 일반 전형에 지원할 준비를 시작했다. 원래는 서울과학고 입학을 조기에 결정짓고 친구들과 남은 중학생 시절을 즐겁게 놀 생각이었지만, 그런 계획이 틀어지고 다시 처음부터 전력 질주를 해야 하니 참으로 허망하고 화가 났다.

'분명히 난 그동안 열심히 공부해 왔는데……. 나와 같이 공부했던 친구들은 한 명도 빠짐없이 서울과학고에 진학하고 나만 남다니!' 영화 「캐스트 어웨이」의 주인공처럼 홀로 외딴섬에 표류하며 당장 먹고사는 문제부터 걱정해야 하는 상황에 놓인 기분이었다.

하지만 그때의 나는 절망하거나 넋을 놓고 실패자가 되어 현실을 도피할 그런 여유조차 부릴 수 없었다. 당장 수학 경시대회에 올인하느라 조금은 소홀히 했던 내신 성적을 챙겨야 했다. 그 와중에 어머니가 서울과학고의 대안으로 제안한 민족사관고 입학시험 공부도 추가로 해야 했다. 12월에 있을 고입 선발 고사 공부도 시작해야 했고 말이다.

그 여름방학부터 같은 해 겨울방학 직전까지의 약 6개월은 내 모든 인생에서 가장 불확실하고 외로우며 힘든 시간이었다. 이제 겨우 16살인 아이가 견뎌내기에는 참으로도 모진 시간이었다.

서울과학고 입학이라는 결과물을 얻어내지 못하면, 초등학교 때부터 거의 9년 가까이 버텨왔던 공부 외길이라는 나의 인생이 송두리째 부정당할 것만 같았다. 그래서 서울과학고 합격만을 향해 열심히 걸어갔다. 다행히도 그런 힘든 시간을 거치면서 그때까지 나의 가장 큰 약점이었던 시험 전 공포와 긴장감을 극복하는 나만의 노하우를 찾을 수 있었다. 그리하여 마침내 서울과학고 일반 전형에 당당히 합격하게 되었다. 그 과정에서 민족사관고 입학시험 수석이라는 기대하지 못했던 또 하나의 성과도 얻어낼 수 있었다.

이때의 경험이 든든한 밑바탕이 되어 나는 지금처럼 강한 자기 확신과 자신감을 가지게 되었고 또 어떤 시험을 보더라도 온전히 실력을 발휘할 수 있게 되었다.

이때부터 성적이 어떻게 나오더라도, 내 주위에 아무리 나보다 뛰어난 천재가 있더라도 긴장하지 않았다. 나도 최선을 다해 공부하면 성적을 올릴 수 있다는 사실을, 한두 번 실패해도 얼마든지 재도전하면 결국 성공할 수 있다는 진리를 깨달았기 때문이다.

진짜 수학 천재를 만나다

서울과학고에 입학한 학생들은 수학과 과학에 출중한 재능을 갖춘 친구들이거나 출신 중학교에서 전교 1~2등을 놓치지 않았던 친구들이었다. 다들 자신의 수학, 과학 실력에 대한 자부심이 컸다. 비슷비슷한 수준의 아이들이 모여 있으니 자부심만큼이나 긴장감과 경계심도 높을 수밖에 없었다.

"쟤는 공부 잘하기로 소문난 학교 1등이라던데?"

"아, 그 물리 천재? 아우, 물리로는 그 애 못 이겨."

"우리 반에 세계 수학 올림피아드 수상자도 있대."

"대치동에서 이름 날린 애도 있대."

신학기, 삼삼오오 모이면 이런 정보들이 오갔다. 그런 말들은 듣지 않으려 해도 들려서 나도 모르게 불안한 마음이 들었다. 모두가 뛰어난 곳에서 실력을 겨뤄야 한다고 생각하니 입학할 때는 꼿꼿했던 마음이 흔들리기 시작했다.

게다가 신입생은 입학 직후에 '탐구력 진단고사'라는 시험을 치러야 했다. 국어, 영어, 수학, 과학 네 과목을 봤는데 상당히 심도 깊은 고난도 문제가 출제되어 시험이 끝날 무렵에는 혼이 쏙 빠졌다. 180명의 학생 중 5명 정도를 제외하고는 모두가 지금껏 받아본 적 없는 등수를 받아야만 했다.

학교에서는 기준 점수 이하를 받은 학생들은 재시험을 보도록 했다. 학교생활에 적응도 하기 전에 몰아친 시험에, 난생처음 받아보는 두 자릿수, 세 자릿수 등수까지. 처음 겪는 혼돈에 빠진 친구들은 어쩔 줄 몰라 했다.

그 상황에서도 나는 금방 자신감을 회복할 수 있었다. 초등학교 5학년부터 혹독하게 견뎌낸 시간 덕분이었다. 수없이 담금질하며 지나온 그 모든 과정이 어느덧 탄탄한 내공이 되어 확실한 실력으로 되돌아온 것이다.

그때 나는 몇 명을 제외하고 모두를 혼란에 빠뜨린 탐구력 진단 고사에서 상위 10% 안에 드는 성적을 받았다. 그동안 해온 내 공부와 노력의 가치를 확인하는 순간이었다.

'수학, 과학 천재와 영재는 다 모인다는 이곳에서도 나는 잘할 수 있겠구나! 지금까지 해온 것처럼 앞으로도 하면 되겠어!'

최상위권 아이들 사이에서 상위권이란 사실은 나를 더욱 수학에 몰입하게 만들었다. 당시 우리 반에는 추후 국제수학올림피아드IMO, International Mathematical Olympiad에 한국 대표로 나가 은메달을 따게 되는 안형준이란 친구가 있었다. 그야말로 범접할 수 없는 수학 실력을 갖춘 그 친구 다음가는 실력자로 내가 꼽히곤 했다.

형준이의 풀이는 언제나 짧고 기발했다. 반에서 형준이의 풀이를 이해하는 학생은 나뿐이었다. 그래서 종종 형준이의 풀이를 이해하지 못한 친구들이 내게 와서 다시 설명해 달라고 부탁하곤 했다. 그의 풀이를 완벽히 이해한 나는 친구들에게 최대한 쉽고 상세하게 설명해 주었다. 설명을 들은 친구들은 저마다 감탄했다. 그렇게 기발하게 풀어낸 형준이도 놀랍고, 그걸 또 쉽게 설명해 주는 나도 놀랍다는 것이었다.

그것은 인정이었다. 부러움, 질투, 시기심이 아닌 진실한 인정. 진심이 담긴 인정은 달콤한 사탕 같았다. 어려운 문제를 풀면 풀수록 당도는 더 진해졌다. 나는 그 달콤함에 취해 수학 공부에 더 매진했다.

같이 공부하는 뛰어난 동료들에게 인정받는 것만큼 좋은 건 없었다.

공부하는 기쁨, 수학修學의 즐거움

암기 과목은 개인별 풀이 속도의 편차가 그리 크지 않다. 이미 머릿속에 저장된 정보와 새로 읽은 정보를 바탕으로 판단해 문제를 해결하기 때문이다. 반면 수학은 실력의 차이가 눈에 띄게 드러나는 과목이다.

얼마나 문제를 잘 이해하느냐, 그리고 빠르고 정확하게 해결의 실마리를 찾아 답을 내느냐에 따라 그 차이가 두드러진다. 10시간을 고민해도 풀지 못하거나 오답을 내는 학생부터 겨우겨우 한 문제 풀어내지만 제한 시간 내에 많은 문제를 풀지 못하는 학생이 있는가 하면 반면에 아무리 어려운 문제도 빠르고 정확하게 풀어내는 학생도 있다.

과학고 내에서도 이런 실력의 편차가 드러났다. 과학고는 일반 고등학교와 다르게 수학과 과학 커리큘럼을 구성할 수 있어서 이러한 과목들의 교과 진도가 굉장히 빠르고 내용도 상당히 어렵다. 나는 학교의 수업 방식이나 속도도 잘 따라갔고 친구들이 풀지 못하는 어려운 과제도 5분 안에 깔끔하게 풀어냈다. 그러다 보니 반 친구들이 어려워하는 문제도 곧잘 알려주면서 여러 친구들과 친해지게 되어, 학업뿐 아니라 학교에서의 모든 활동이 즐거웠다.

반면 탐구력 진단고사에서 예상 밖의 등수를 마주하거나 수업이 어려워서 학교생활에 적응하지 못해 괴로워하는 친구들도 있었다. 그들은 나중에 크게 두 부류로 나뉘었다. 결국 해내는 학생과 포기하고 떠나는 학생. 신학기에는 어려운 수학 문제를 몇 시간을 고민해도 잘 풀지 못하던 친구들이 시간이 지나면서 차츰 풀이 시간을 단축시키거나 정답률을 높이는 데 성공했다. 예전 대치동 학원에서의 나처럼 진득하게 수학만 바라보며 공부해 첫 시험의 충격을 이긴 것이다. 하지만 반대로 계속 하위권에 머물거나 결국엔 학교를 떠나는 이들도 생겼다.

두 부류의 차이는 명확했다. 현재 상태를 빠르게 인정하고 거기서부터 다시 일어나 더 탄탄한 실력을 만드느냐, 자신이 받은 숫자를 인정하지 못하고 비참한 감정에 매몰되어 실력이 더 떨어지느냐에 달려 있었다. 그들의 차이를 옆에서 생생하게 지켜본 나는 확실히 말할 수 있다. 지금 내가 당면한 현실을 인정하는 자세를 가능한 한 빠르게 취할수록 좋다.

과학고에서 나는 그렇게 스스로를 인정하고 타인에게 인정받으며, 때로는 옆의 친구를 인정하면서 성장할 수 있었다. 이때 비로소 공부하는 기쁨을 만끽하게 되었다.

내가 서울대에 3번 입학하고 14년을 다닌 이유

공부하는 이유를 찾다

"왜 서울대를 세 번이나 입학해 14년이나 다니셨어요?"

수많은 사람이 내게 던지는 질문이다. 단순한 호기심에 물어본 사람들도 있었지만 그들 중 상당수는 현재 자신의 진로를 고민하거나 걱정하는 이들이었다. 그들은 연이어 묻는다.

"지금 전공하고 있는 공부는 정말 제 길이 아니란 것을 깨달았어요. 다른 길을 택하고 싶은데 어떻게 해야 좋을까요?"

"이제 와서 다른 선택을 하기가 겁나요. 부모님을 설득할 자신도 없어요."

"마음은 너무 간절한데 시간적, 물질적 비용이 만만치 않아 두려워요."

내 답변은 늘 한결같다.

"인생의 마지막 순간에 지나온 인생을 돌이켜 본다면, 원하지 않는 일을 하면서 30년을 사는 것보다 원하는 일을 하면서 3년을 사는 게 훨씬 더 후회가 없으리라 생각합니다."

과학고 동기나 서울대 동기 중에서도 나처럼 인생의 어느 시점에 현재의 모습으로 계속 살 것인지 고민하는 이들이 있었다.

"자의 반 타의 반으로 선택한 전공이야. 공부를 잘하니까, 부모님이 좋다고 한 직업이니까 여태 왔는데 졸업을 앞두니 갑갑하네."

"우리 집은 그리 넉넉하지 않아. 나 하나 잘되라고 어렵게 학비를 내주셨는데 지금에 와서 다른 공부를 하겠다는 말은 차마 못하겠어. 그런데 이렇게 가다가 나중에 후회할까 봐 불안해."

"좋은 직업을 갖기 위해 치열하게 살아왔지만 내 의지는 아니었어. 어쩌다 보니 정말 여기까지 왔네. 결혼도 하고 아이도 있는데⋯⋯. 이제 와서 뭘 어쩌겠어."

원하는 대로만 살 수 있으면 정말 좋겠지만 인생이란 게 그렇지가 않다. 정말 원하는 길이 있더라도 어떤 요인으로 인해 포기할 수도 있다. 그러면 마음 한구석에 환상이 남는다. 높은 사회적 지위를 쟁취한 사람이더라도 마찬가지임을 주변 사람들을 보면서 깨달았다. 아무리 성공했어도 과거에 버린 길의 결말을 알 수 없기에 미련은 더욱 진해진다.

행복하기 위해 공부를 선택하다

나 역시 선택을 앞두고 고민하고 또 고민했다. 하루 이틀 생각해서 내린 결정이 아니다. 스스로에게 계속 질문했다.

'내게 가장 중요한 것은 뭐지?'

중요한 것을 남기고 다 지워보기로 했다. 부나 명예, 그럴듯한 인맥, 빠른 성공 그 어느 것도 내겐 그다지 중요하지 않았다. 좀 더 생각해 보니 지금까지 들인 시간이나 비용이 아깝기는 했다. 앞으로 겪게 될 고통의 시간도 두려웠다. 하지만 그런 것은 '행복'에 비할 바가 아니었다. 인생의 부가적인 요소들이었을 뿐.

그렇다. 나는 행복하기 위해 공부를 선택했다. 주변의 따가운 시선, 불안한 미래, 한 살 한 살 먹어가는 나이, 다시 시작하는 입시 공부. 모든 것이 고통이었지만 '내가 진정 하고 싶은 것을 해야 행복하다'는 것을 알았다. 그래서 나 역시 나의 결정이 옳은 선택이 되도록 뜨겁게 살았다.

비록 고통과 손해가 뒤엉킨 시간을 지나야 했지만 선택의 주체가 나였기에, 내가 정말 하고 싶은 공부와 직업을 선택했기에 나는 가지 않은 길에 대한 미련도 환상도 없다. 그래서 그때의 선택을 후회하지 않는다.

공대를 포기하지 않고 유학을 갔더라면, 의대를 졸업하고 수련을 계속 받았더라면 지금과는 또 다른 모습으로 살아가고 있을지도 모른다. 그 인생도 최선을 다했을 것이기에 아마 어느 정도 만족하며 지냈을 것이라 생각한다. 다만 행복할지를 묻는다면 그 답은 미지수다. 확실한 것은 그때의 선택으로 지금 나는 행복하다. 스스로 내 인생의 주인이 되었고, 내 뜻대로 인생의 시간을 조절하며 내 감정을 존중하는 삶을 살 권리를 획득했다.

물론 나도 당장 생활비조차 지원해 줄 부모님이 계시지 않고 진로를 바꾸는 과정에서 필요한 등록금이나 여러 비용을 충당할 여력이 없었다면 세 번이나 연속해서 진로를 바꾸기가 쉽지 않았을 것이다.

하지만 비용은 해결 가능한 문제다. 새로운 선택으로 행복할 수 있다면 방법은 얼마든지 만들 수 있다. 과외나 아르바이트를 학업과 병행하며 등록금을 마련할 수도 있고 학자금 대출을 받아 학업에만 전념할 수도 있다. 일상생활에 드는 비용을 절약해 생활비를 아끼는 것도 방법이다.

그 외 여러분을 고민에 빠뜨리는 여러 조건들도 마찬가지다. 여러분이 지금 어떤 선택을 앞두고 있다면 집중해서 생각할 것은 두 가지다. 어떤 선택을 해야 행복할 것인가, 그리고 그 선택을 후회하지 않으려면 어떻게 할 것인가.

나만의 인생길을 만들자

어떤 길이나 진로를 고민할 때 이 말을 명심하기 바란다.

'단 한 번뿐인 내 인생에 가장 큰 영향력을 행사해야 될 사람은 부모님이나 지인도 아닌, 인생의 주인인 나 자신이다.'

내가 행복해야 내 주위 사람들도 행복해진다. 주위 사람들의 행복을 위해 나를 희생하는 인생은 나도 불행해질 뿐 아니라 내 주위의 소중한 사람들도 결국 불행해지게 만든다.

목적지가 있어야 가는 길이 덜 힘들고 덜 지루하게 느껴지게 마련이다. 지금 당장 원하는 큰 목적(직업이나 삶의 목표 등)이 없다면 단기간의 목표(등수나 점수, 등급 등)를 설정하는 것이 좋다. 이러한 단기간의 목표가 의미 없게 느껴지거나, 공부나 성적이 본인의 삶에 아무런 도움이 안 된다고 진심으로 생각하는 학생들도 있을 것이다. 그럴 때는 공부를 길을 닦는 작업이라고 생각해 보자.

서울에서 부산까지 가는 길은 여러 가지가 있을 것이다. KTX 같은 철도를 이용할 수도 있고 국도나 고속도로로 갈 수도 있다. 하이킹 코스로 자전거를 타고 갈 수도 있다. 어떤 방법이든 목적지까지 가려면 길이 있어야 한다. 국민이 다니는 길은 국가가 만들지만 인생의 길은 스스로 만들어야 한다. 그리고 공부야말로 그러한 인생의 길을 만드는 가장 효과적이고 빠른 방법이라는 것이 나의 생각이다.

삶의 목적지나 지향점은 개인마다 다르다. 하지만 직업을 갖든 창업을 하든, 사회에 공헌하든 가정을 보살피든 각자의 길을 가려면 배움을 통해 인생의 길을 닦는 것이 필수다.

나는 수학을 공부하면서 정말 많은 것을 얻었다. 나에게 수학 문제를 푸는 일은 단순히 학교에서 시험 성적을 잘 받거나 좋은 대학교에 진학하기 위함이 아니었다. 마치 내 인생에 철로나 도로를 까는 것처럼 내가 지향하는 삶의 방식으로 나만의 인생길을 만드는 과정이었다.

나에게는 수학이었지만 여러분에게는 꼭 수학이 아니어도 좋다. 공부하는 과목이 아니라 배움 그 자체여도 좋다. 일부 학생들은 본인이 하고자 하는 것이 전혀 공부와 상관없다고 여길지도 모른다. 그럼에도 그 학생들에게조차 나는 단언할 수 있다. 공부가 인생의 길을 만드는 가장 중요한 작업이라고 말이다.

내가 가장 잘했고 좋아했던 수학이 내 인생을 얼마나 빛나게 만들었는지, 그리고 당신 인생도 얼마나 빛나게 만들지 지금부터 설명하겠다.

수학이 무기가 되는 순간

수학은 인생의 나침반

흔히들 수학은 실생활에 그다지 도움이 되지 않는다고 생각한다. 사칙 연산이나 계량 단위처럼 일상생활에서 자주 쓰이는 수학 개념 말고는 평소 그다지 쓸 일이 없다는 것이다. 극한이나 수열까지 갈 것도 없다고 한다.

"아니 대체 소금물의 농도는 왜 계산해요? 원의 넓이를 구해서 어디에 써요? 기차가 터널을 통과하는 속도를 굳이 알아야 하나요?"

학생들은 고개를 갸우뚱하지만 학교에서는 수학을 주요 과목 중

하나로 가르친다. 입시에서도 수학은 아주 큰 비중을 차지한다. 그래서 학생들은 울며 겨자 먹기로 오랜 시간 꾸역꾸역 수학을 배운다.

반면 영어는 여러 영역에 쓸모가 있다고 여긴다. 유학을 가거나 일할 때처럼 소통 능력이 필요한 전문적인 상황뿐 아니라 일상생활에서도 영어는 보다 폭넓게 쓰인다. 원서를 읽거나 자막 없이 원어로 영화를 보고 유튜브, 인스타 등의 SNS로 외국인과 소통하는 일상을 즐기는 사람도 많아졌다. 그래서 어릴 때부터 영어를 적극적으로 배운다. 뭐라도 남는 게 있다면서.

수학은 정말 살아가는 데 도움이 되지 않을까? 우리는 졸업하고 나면 깡그리 잊어버리는 학문에 지나치게 많은 시간을 쓰는 걸까? 우리나라만 유독 어려운 수학을 가르치는 것일까?

수학은 세계 공용 학문이다. 우리나라에서 가르치는 수학 개념과 다른 나라에서 가르치는 개념은 크게 다르지 않다. 초중고 과정에서 배우는 방식과 학년에 따른 난이도 차이는 있을지 몰라도 고교 졸업이나 대학 진학에 필요한 수학 개념과 깊이는 크게 차이 나지 않는다. 모국어나 역사만큼 중요히 여겨지는 것은 물론 그 이상의 비중을 차지하는 경우도 있다.

세계의 수많은 교육자는 자라나는 청소년들이 꼭 배워야 할 학문이 수학이라고 입을 모은다. 수학을 배우는 과정이 학생들에게 긍정적인 영향을 미친다는 것이다. 실생활에 적용하는 단순 계산처럼 일반적으로 생각하는 것 이상으로 수학의 위력은 크다.

수학을 풀면 내 안에 덕목이 쌓인다

여러분은 언젠가 사회에 나가 각자 다른 직업을 가지고 생활할 것이다. 그중 삼각함수나 통계, 미적분을 써야 하는 사람은 여러분의 생각처럼 수학자나 수학을 활용해야 하는 일을 하는 아주 소수일 것이다.

문·이과의 선택 과목 차이는 있지만 직업이나 전공과 상관없이 모든 학생이 수학을 배운다. 수학은 일종의 약속이다. 예를 들어 '모르는 수인 미지수를 x라고 하자', '변화하는 두 양 x, y에 대하여 변수 x의 값이 하나 정해지면 그에 따라 변수 y의 값이 하나씩 정해지는 관계가 있을 때, 이 관계를 y는 x의 함수라고 하자'와 같은 약속이다.

그런데 이 약속은 x, y 같은 문자나 Σ, $\int$ 같은 기호를 사용해 정한다. 중학 수학을 처음 접할 때 학생들이 가장 어려워하는 단원이 '문자와 식'이라고 한다. 문자로 이루어진 식이 뭔가 고차원적으로 보이기 때문이다. 문자만으로도 머리가 아픈데 본격적으로 수학 기호가 등장하면 학생들의 눈에는 초점이 사라지기 시작한다. 그야말로 외계어처럼 느껴져서다.

수학 문제로 들어가면 상황은 더 심각해진다. 수학 문제를 읽다 보면 한글을 읽는 것인지 암호를 해독하는 것인지 분별이 가지 않는다. 읽었지만 이해가 되지 않는 것이다. 그러니 하나의 수학 문제를 풀려면 사실 문자와 기호의 뜻을 익히고 문제가 제시하는 요구 사항을 해석할 수 있어야 한다. 그렇게 될 때까지 수없이 연습하는 사이 인내력을 기를 수 있다. 또 암호 같은 문제를 해석해 식으로 세우는 과정에서 논리력과 사고력도 키울 수 있다.

인내력, 논리력, 사고력은 어떤 시기에 어떤 장소에서 어떤 일을 하더라도 반드시 필요한 덕목이다. 한 사람의 사회인으로서, 직업 활동뿐만 아니라 가족이나 직장 동료 또는 친구들과의 인간관계에도 매우 중요한 덕목을 차곡차곡 쌓게 되는 것이다.

나는 참을성이 부족하고 매사 부주의한 성격 때문에 어린 시절에 꽤 고생했다. 그런데 수학을 통해 이 단점을 극복할 수 있었다. 어떤 문제는 풀이 과정이 정말 길다. 도저히 간단히 할 수 없는 과정이라면 진득하게 풀어나갈 수밖에 없다. 그런 문제를 풀면서 나는 인내심을 길렀다. 풀이가 길면 자칫 쉬운 연산에서 실수할 수 있다. 그러니 집중해야 한다. 주의를 집중해 실수하지 않으려 노력하다 보니 어느새 부주의한 성격도 고쳐졌다. 문제에 대해 골똘히 생각하니 사고력도 깊어졌음은 두말할 것도 없다.

변화는 여기에서 끝나지 않았다. 일을 할 때도 보다 신중하고 정확하게 판단을 내렸다. 그러자 인간관계도 좋아지는 것이 느껴졌다. 그런 점에서 수학은 내면의 기반이라고 할 수 있다. 우리가 어린 시절 부모님에게서 경험했던 사랑과 보살핌, 양육 과정이 내면의 토대가 되어 평생 그 사람의 성향이나 성격에 영향을 미치는 것과 마찬가지다. 논리적인 판단력, 성실성, 절제력이라는 뿌리가 수학을 통해 내면에 형성되어 그 사람의 평생에 큰 영향을 미치는 것이다.

그래서 나는 농담 반 진담 반으로 다음과 같이 말하곤 한다.

"수학을 열심히 공부하고 잘하는 사람 중에 인내심이 없거나 성실하지 않은 사람은 없다."

고대 그리스 로마 시대부터 현대에 이르기까지 여러 지도자들과 학자, 교육자들이 수학을 필수 교육으로 인식하고 세대를 거치면서 계속 가르쳐온 이유는 여기에 있다. 한 사람의 훌륭한 성인으로서 필요한 여러 덕목을 가장 효율적으로 단기간에 기를 수 있는 과목이 수학임을, 그들은 이미 경험을 통해 알고 있었던 것이다.

어쩌면 성큼 다가온 인공지능 시대에는 계산 능력이 필요 없을지도 모른다. 인공지능이 다 해줄 테니 말이다. 그렇다면 미래에는 수학을 배울 필요가 없게 될까? 수학을 통해 앞에서 언급한 여러 덕목을 기를 수 있다는 사실을 상기한다면 답은 금방 나온다.

언뜻 보기에 나는 수학과 전혀 상관없어 보이는 직업을 가졌다.

하지만 내가 학창 시절과 공대에 다니는 동안 배운 수학은 환자를 진료하는 데도, 또 병원의 여러 경영 문제를 해결하고 개업의로서 성공하는 데도 큰 도움이 되었다. 수학을 공부하며 길러진 성향이나 성격이 없었다면 나는 아마 의사이자 치과의사로서 성공적인 커리어를 이어나가지 못했을 것이라고 진심으로 생각한다.

아마 내가 다른 직업을 택했더라도 이렇게 수학 공부를 통해 길렀던 능력은 그 직업을 성공적으로 수행하는 데 긍정적으로 작용했으리라 믿는다. 이는 이 책을 읽는 여러분의 인생에서도 분명 마찬가지일 거라고 확언할 수 있다.

수학은 삶을 잇는 도구다

수학이라는 학문을 오래 공부할수록, 수학이 국어와 영어 같은 언어 과목과 상반되는 과목이 아니라 상호 보완적인 과목임을 깨닫게 된다. 즉 수학을 공부하여 사고력과 논리력이 향상될수록 국어나 영어로 말하거나 글을 쓸 때 더 조리 있는 문장력과 화법을 갖출 수 있다.

수학 문제 하나를 풀 시간에 영어 단어 하나를 더 외우는 게 나중에 훨씬 도움도 되고 돈도 많이 벌 수 있다며 수학에 시간을 쓰는 것을 한탄하는 사람들도 있다. 하지만 수학을 단지 대학을 잘 가기 위한 도구로만 생각하는 것은 수학의 진짜 힘을 알지 못하는 것이다. 만약 수학이 가진 언어로써의 힘을 깨닫는다면, 수학 문제를 풀고 이해하는 데 들이는 시간이 단순히 영단어를 외우는 것 이상으로 영어뿐 아니라 모국어인 국어 능력까지도 향상시켜 준다는 걸 알게 될 것이다. 언어를 잘한다는 의미는 단순히 그 언어의 단어 뜻이나 어법, 문장 구조를 정확히 아는 것을 넘어서서 문장의 내용을 제대로 이해하고 의미를 파악하는 것에 있기 때문이다.

학교 밖, 시험지 밖의 세상에서 어떤 성취를 이루려면 논리적 사고력은 물론 구조화 능력이 있어야 한다. 이 능력은 분야에 상관없이 전공과목 공부에도, 사회에서 실력을 보일 때도, 의사소통에도 두루두루 작용한다. 수학의 진짜 힘은 여기에서 한 번 더 드러난다.

우리의 머릿속에는 한 영역의 정보만 저장되는 것이 아니다. 여러 영역의 다양한 정보가 언어적·비언어적 경로를 통해 축적되어 있다. 그 상태에서 새로운 정보가 들어오면 우리 뇌는 정보를 재배열하고 구조화시킨다. 저장된 정보를 쓸 때도 필요한 정보를 꺼내 재배열하고 구조화하는 과정을 거친다. 주어진 문제를 보고 그에 맞는 정확한 풀이법을 떠올리며 단계에 맞춰 해결해 나가는 수학 공부가 바로 이 능력을 향상시킨다.

그렇기에 여러분에게 다른 어떤 과목보다도 수학을 열심히, 진지하게, 최선을 다해 익히고 배워야 한다고 자신 있게 말할 수 있다.

중하위권일수록 수학을 파고들어라

수학 성적은 들인 시간만큼 보답한다

흔히들 수학을 타고난 재능을 지닌, 유전적으로 수학적 사고력과 계산 능력까지 갖춘 천재들만이 잘할 수 있는 과목이라고 생각한다. 일명 '수학 머리'가 없으면 아무리 수학을 열심히 공부해도 1등급은 불가능하다고도 한다. 물론 수학은 다른 어떤 과목보다도 타고난 재능이 중요하긴 하다. 수학적 재능을 타고난 학생들은 그렇지 않은 학생들보다 훨씬 더 빨리, 능숙하게 수학을 잘하게 되는 경우가 많다.

하지만 그렇다고 해서 우리나라 수능 수학에 이러한 얘기가 적용될 거라 지레짐작하여 중학교 때나 고1 때부터 수학을 포기하는 것은 단연코 큰 착각이자 막대한 손해라고 말하고 싶다.

중학교 때까지 수학의 기초가 없는 학생이거나 타고난 수학적 재능이 전혀 없는 학생이더라도 구구단을 외울 수 있고 사칙연산만 할 수 있으면 수능 수학을 정복할 수 있다. 옳은 방법과 단계에 따라 계획적으로 성실하게 공부하기만 해도 수능 수학 1등급까지는 누구나 충분히 도달할 수 있다.

개인마다 타고난 수학적 재능에 따라 일정 실력에 다다르기까지 들여야 하는 시간은 다르다. 그래도 수학이 어떤 다른 과목보다 가장 많은 시간을 들여야 실력이 쌓이는 과목이라는 사실은 누구에게나 마찬가지다. 즉 수학은 들인 시간에 비례해서 천천히, 하지만 아주 단단하게 실력이 쌓이는 정직한 과목이다. 그렇게 해서 쌓인 실력은 시간이 지난다고 해서 쉽게 사라지지 않는다. 여러분의 내공이 탄탄하다면 내신 시험이나 수능 시험 직전에는 수학 공부에 시간을 덜 들여도 되는 이점이 있다.

그러니 시험기간에 공부할 시간을 미리 수학에 쏟는다고 생각하자. 이렇게 생각하면 '수학에 많은 시간을 들이느라 다른 과목 공부를 못하면 어떡하지'라는 걱정에 정작 수학도 다른 과목도 제대로 공부하지 못하는 '실패하는 패턴'에서 벗어날 수 있다.

한번 쌓은 수학 실력은 절대 사라지지 않는다

여러분이 만약 아직 고3이 아니라면 우선은 수학 공부에 제일 많은 시간과 심혈을 기울여라. 탐구 과목이나 외국어 영역 등은 아무리 많은 시간을 들여 외우더라도 결국 시간이 지나면 휘발되어 다시 개념을 찾아보며 암기해야 한다.

하지만 수학은 시간을 들여서 실력을 쌓으면 잠시 다른 공부를 하더라도 그 실력이 절대 휘발되어 사라지지 않는다. 그러면 고3이 되어 수능을 앞두고 다른 과목을 공부할 때 훨씬 더 많은 시간과 여유를 가질 수 있다. 이 사실을 알면 무턱대고 수포자가 되는 잘못에서 벗어날 수 있다.

이과만 수학이 중요한 것이 아니다. 문과나 예체능계라도 수학은 여전히 좋은 대학을 가는 데 중요한 과목이다. 문과나 예체능계는 이과에 비해 수학을 일찍감치 포기하는 학생이 상대적으로 많다. 그런 상황에서 만약 여러분이 고3이 되기 전까지 수학 공부에 집중한다면 훨씬 더 유리하게 좋은 성적을 얻을 수 있다. 간단히 말해 이과에서 100의 노력을 기울여야 이과 경쟁자 중 상위 5% 안에 들 수 있다면, 문과나 예체능계에서는 30~50의 노력만 기울여도 상위 5% 안에 들 수 있는 것이다.

수능 직전까지 수학에 매달리느라 다른 과목을 볼 시간이 없다는 생각만으로도 아찔할 것이다. 수학을 접고 다른 과목에 시간을 투자한다면 성공할 수 있을까? 그렇지 않다. 동일 등급대에서 수학을 포기한 수많은 학생의 전략이 비슷할 경우 탐구 과목에서 한 문제만 틀려도 등급이 우수수 떨어지기 때문이다.

그렇다면 여러분이 할 일은 명확하다. 수학에 대한 막연한 두려움은 접고 지금부터라도 수학 공부에 많은 시간을 들이면 다른 어떤 과목에 시간을 들이는 것보다 훨씬 더 효율적인 공부 방법이 될 것이다.

수학 재능이 없어도 1등급이 될 수 있다

"수학 머리가 없어도 내신과 수능 수학 1등급이 가능하다고요?"

"타고난 머리가 좋으신 것 같아요. 그러니 서울대를 세 번씩이나 합격했지요. 문과도 아니고 공대, 의대, 치대인데……. 수학 1등급을 너무 쉽게 생각하시는 것 같아요."

"저는 하위권이에요. 어릴 때 남들이 쉽게 외우는 구구단도 외우기 어려워했을 정도예요. 제게 수학은 넘기 힘든 장벽이에요."

누구나 1등급이 가능하다는 나의 조언을 처음 듣는 사람은 대개 깜짝 놀라거나 말도 안 된다는 반응을 보인다. 물론 의사인 아버지와 고등학교 수학 교사 출신인 어머니 사이에서 태어난 나는 수학 머리가 괜찮았던 것 같다. 그럼에도 수학 1등급을 받는 데 유전적 머리는 필요 없다고 자신 있게 단언하는 이유는 내가 가르친 수포자 학생들의 눈부신 성과에 있다.

미술을 전공하는 예체능계 학생이 있었다. 실기에 열중한다고 고1이 될 때까지 기본적인 사칙연산조차도 제대로 하지 못했던 학생이었다. 처음 그 학생을 만났을 때는 나조차 눈앞이 캄캄했다. '1등 급은커녕 5등급이라도 받을 수 있을까? 그냥 수능 수학을 한 번호로 찍게 하고 그 시간에 국어나 암기 과목 같은, 단기간에 실력 향상이 가능한 과목을 공략하는 게 낫지 않을까?' 하는 생각이 든 것도 사실이다.

예체능계는 실기 실력이 좋으면 될 것 같지만 좋은 대학에 합격하려면 여타 과목을 비롯해 수학 성적도 좋아야 한다. 그걸 안 학생의 부모님은 전폭적인 지원을 약속했고, 미술에 대한 열정이 가득했던 학생 역시 자신의 진로를 위해서 나의 지도에 최선을 다해 따르겠다고 했다.

처음에는 나조차도 가르치는 상대가 고등학생인지 아니면 초등학교 4~5학년 정도의 학생인지 헷갈릴 정도였다. 그런 수준을 지닌 학생에게는 당장 수능이 문제가 아니었다. 고등 수학을 내려놓고 기초부터 시작했다. 고등학생이 기초부터 시작한다면 보통 자존심 때문에 꺼려한다. 그런데 그 학생은 그러지 않았다. 현재 자신의 수준을 확실히 인지하고 가르침을 받아들이며 성실하게, 정말 더없이 성실하게 노력했다.

고등학생이 되어 공부를 시작한 터라 학생은 오히려 빠르게 성장했다. 실제로 수학을 공부하다 보면 '아, 내가 왜 그때 이걸 이해 못 했지?' 하는 경우가 있다. 시쳇말로 머리가 좀 크면서 그 누구의 지도 없이도 자연스레 터득되는 개념이 있는 것이다.

게다가 뚜렷한 목표도 있었고 성실하기까지 하니 그 학생은 결국 해낼 수밖에 없었다. 예체능계 수학 1등급을 달성한 것이다. 그러니 사칙연산을 할 수 있다면, 공부로 꿈을 이룰 의지가 있다면 심지어 지금 수학 실력이 중학생 수준조차 안 되는 고등학생이더라도 1등급이 가능하다.

의심하지 말고 우선 시작하라

"저는 의지가 부족해서 끝까지 할 수 있을지 걱정이에요. 흐지부지한 적이 많아서 자신이 없어요."

"학교 선생님께서 하시는 설명도 못 알아듣겠어요. 이해력이 떨어지는 것 같아요."

"수학 문제만 보면 머리가 아프고 졸려요. 정말 수학 알레르기가 있는 것 같다니까요."

수학을 어려워하는 학생들은 대개 스스로를 믿지 못하고 자신감도 많이 떨어져 있어 도전하기를 주저한다. 그런 학생들에게 이 얘기를 들려주고 싶다.

수학 문제를 이해할 수 있다는 말이 믿기지 않는다면 여러분이 어려서 한글을 익혔던 때를 떠올려 보라. 글자를 읽을 수 있게 되었다고 해서 모든 의미를 다 이해할 수 있었던 것은 아니었을 것이다. 하지만 읽는 경험이 많아지고 한 살 한 살 나이를 먹으면서 자연스레 뜻뿐만 아니라 글의 의도나 목적까지 이해할 수 있게 되었을 것이다. 읽고 이해할 수 있으니 국어 문제를 풀 때는 수학만큼 거부감이 들지 않게 되었을 것이고 말이다.

여러분이 자신 없어 하는 수학도 마찬가지다. 수학도 숫자와 기호로 이루어진 언어다. 영어처럼 만국 공통어라 할 수 있다. 나라가 다르고 언어가 달라도 수학 문제의 풀이 과정과 답은 모두가 이해하기 때문이다. 수학을 언어라고 생각하면 거부감이 줄어들 것이다.

처음에는 기호 읽기부터 시작하면 된다. 한글을 읽었을 때처럼 말이다. 문장을 읽고 이해했듯이 기호의 의미를 이해하면 문제에 제시된 조건도 파악할 수 있다. 그러다 보면 어느 순간 여러분을 고생시켰던 암호가 너무도 쉽게 해독될 것이다.

그러니 여러분이 갖춰야 할 것은 수학이라는 또 다른 언어를 읽고 이해할 수 있다는 스스로에 대한 믿음이다. 믿음을 가지고 시간과 노력을 충분히 들여서 수학이라는 언어를 익히면 수학 실력을 확실히 기를 수 있다.

나에게 꼭 맞는 공부법은 무너지지 않는다

이 책으로 전하는 나의 수학 공부법이 절대적인 공부법이 될 수는 없다. 나의 공부법은 수학을 오래, 깊게, 넓게 공부하면서 나에게 맞는 방법을 찾아 적용해 맺은 결실이다. 오래도록 공부하면서 만났던 여러 수학 고수들도 그랬다. 친구, 학교 선생님, 학원 선생님, 대학 교수님 등 다양한 고수들을 만나면서 내린 결론은 100명의 수학 고수가 있다면 100가지 공부법이 있다는 것이다.

아무리 뛰어난 일타 강사나 수학 천재의 비법이더라도 다른 사람의 공부법은 스스로의 노력과 재능이 합쳐져서 만들어지는 '자신만의 공부법'을 절대 뛰어넘을 수 없다. 여러분의 공부법은 맞춤 양복처럼 여러분에게 맞게 만들어야 한다.

그러니 내가 이 책에서 말하는 방법들을 그대로 쓴다고 해서 단기간에 성적 향상으로 이어지진 않을 것이다. 나의 맞춤형 방법을 참고해서 수학이라는 과목에 수없이 많은 시간과 노력을 매일, 매달, 매년 꾸준히 쏟아야 비로소 개개인의 맞춤형 공부법이 탄생할 것이다. 이렇게 여러분만의 공부법을 한번 터득하면 그 어떤 상황에서도 무너지지 않는다.

그 과정은 지난하고 구불구불하다. 때로는 내리막길도 만나고 막다른 길도 만날 것이고, 좁고 가파른 산길을 올라야 할 때도 있을 것이다. 수학에는 반듯한 지름길이 없다. 역설적으로 그저 한 발 한 발 뚜벅뚜벅 걸어가는 게 가장 빠른 학문이기 때문이다.

그럼에도 나만의 방법을 공유하는 것은 먼저 가본 선배로서 여러분이 중간에 포기하거나 의욕이 꺾이지 않길 바라는 마음에서다. 여러분이 원하는 목표에 도달하기 위한 시간을 조금 줄여주며 시행착오를 덜 겪게 해주고 싶다. 다만 아예 시행착오를 겪지 않거나 암기 과목의 요약본처럼 공부 시간을 획기적으로 줄여주는 비법은 없음을 미리 밝힌다.

수학 공부는 종교적인 수양이나 철학 공부와 비슷하다고 생각한다. 요새는 인터넷과 모바일 기기의 발전으로 수학 개념과 문제 풀이 방법을 설명하는 자료들을 너무나 쉽게 접할 수 있다. 과거에는 매우 귀했고 구하기도 힘들었던 대치동 유명 강사들의 수학 강의 역시 지금은 전국 어디에서도 누구나 쉽게 영상으로까지 접할 수 있게 되었다.

공부에 도움이 되는 자료는 넘쳐나지만 단순히 그것들을 반복적으로 본다고 해서 문제를 잘 풀게 되는 것은 아니다. 혼자서 종이와 펜을 갖고 써 내려가면서, 아니면 머릿속으로 반복해서 완벽히 내 것이 될 때까지 도를 닦듯이 되새김질해야 한다. 한 시간이든 열 시간이든 말이다.

그 시간이 겹겹이 쌓여서 결국은 절대 무너지지 않는 공든 탑이 될 것이다. 그것도 오직 여러분만 올라갈 수 있는 탑이.

기본을 다지는
수학 워밍업 3단계

PART 2

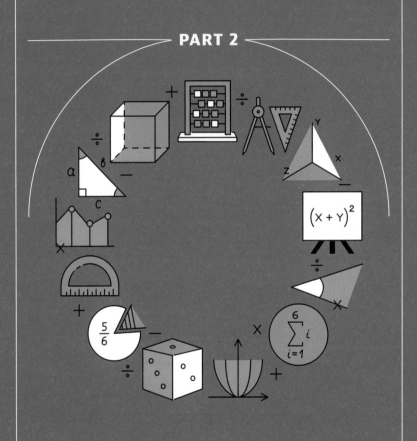

0단계

수학은 누구나
잘할 수 있다

내게 맞는 공부법으로 잘근잘근 씹어먹기

남들은 나를 수학 천재 또는 공부 천재라고 부르지만 나는 천재가 아니다. 대치동 학원과 과학고에 다니며 진짜 천재를 직관해 보니 나에 대한 메타인지를 정확하게 할 수 있었다. 나는 그저 타고난 공부 머리에 후천적인 노력과 성실성이 결합해 딱 천재 바로 아래 정도의 수준에 다다를 수 있었던 것 같다. 그리하여 천재가 아닌데도 서울대 공대, 의대, 치대 3연타를 해냈다.

천재가 아니라서, 머리가 좋지 않아서 지금 좌절할 필요는 전혀 없다. 최적의 환경이 아니라고 실망할 필요는 더더욱 없다. 과학고에 입학해야만, 전교 1등이 되어야만, 대치동 학원에 다녀야만 성공하는 것도 아니다.

물론 내겐 대치동으로 이끌어주신 어머니가 계셨고 최적의 환경에서 공부했다는 이점도 있었다. 부정하지는 않는다. 하지만 대치동 키즈여서 공부를 잘한 것도, 남들보다 눈부신 성과를 낸 것도 아니다. 0점을 받고 우왕좌왕했던 일부터, 대치동의 학원에서 생활하던 때가 마치 쓰러뜨리는 족족 새로운 적이 등장하는 게임 속 같았다는 말을 기억할 것이다. 그 일들을 극복하지 못했다면 제아무리 대치동 키즈였다 해도 나는 공부를 끝까지 해내지 못했을 것이다.

대치동을 비롯한 학원가에는 지금도 수많은 학생이 와서 공부한다. 그런데 그 대치동 키즈들이 전부 명문 고등학교나 명문 대학교에 진학했을까? 여러분은 이미 답을 알고 있다.

여러분이 할 일은 각자의 앞에 놓인 문제를 극복하는 것이다. 누군가에게는 처참한 성적이, 누군가에게는 끝없이 떨어지는 자존감이, 누군가에게는 이미 겪은 실패가 놓여 있을 것이다. 그것을 극복하는 방법은 오로지 자신에 대한 무한한 믿음과 후천적인 노력뿐이다.

여러분이 자신에 대한 믿음을 가진다면, 나는 이제부터 공개할 방법으로 여러분을 도울 준비가 기꺼이 되어 있다. 내가 아는 모든 노하우를 나의 경험과 함께 전달하고자 한다. 한 번 더 강조한다. 여러분은 이 방법을 여러분만의 방식으로 잘근잘근 씹어서, 배출할 것은 배출하고 소화시킬 것은 소화시켜 '맞춤형'으로 만들기를 바란다.

수학의 깊이는 속도에 비례하지 않는다

요즘에는 대여섯 살부터 대치동이나 유명 학원가에 있는 수학 학원에 다닌다고 한다. 놀이로 수학을 배우고 교구로 도형을 익히며 선행 아닌 선행을 시작하는 것이다. 양팔 저울에 직접 준비된 교구를 올려서 무게를 비교해 보거나 쌓기나무를 쌓아보고 앞에서 본 모양이나 옆에서 본 모양을 관찰하기도 한다. 흥미를 북돋는 게임 형식으로 진행하기에 아이들은 즐겁게 수학을 접한다.

아이가 수학을 재미있게 느끼고 수업에도 적극적으로 참여한다는 점에서 긍정적인 면도 있다. 정말 수학이 놀이처럼 즐겁기를 바라는 마음에서 아이들을 일찍 그런 학원에 보내는 학부모도 있을 것이다. 하지만 보통은 최종 목적이 '즐거운 수학'이 아닌 경우가 많다. 시작은 그러하더라도 말이다. 놀이로 시작했던 수학은 사고력 수학으로 이어지고, 어느덧 초등 과정뿐 아니라 중학교 과정의 선행 학습으로 코스가 이어지는 것이다.

갈수록 경쟁이 치열해지면서 다양한 커리큘럼으로 운영하는 학원이 많아졌다. 하지만 그렇다고 해서 중학교와 고등학교에서 가르치는 교과서의 수학 과정이나 수능에 나오는 수학 범위가 바뀌거나 크게 달라진 것은 아니다.

오히려 '행렬'처럼 교육 과정에서 빠진 단원이나 한 학년 위로 이동한 단원이 있을 정도로 교육 과정이 한층 쉬워졌다. 수능 수학에 나오는 수학의 범위는 20여 년 전 내가 수능을 볼 때보다도 줄어들었다. 상황이 이런데 더 어린 나이에 수학을 시작하고 더 빨리 선행 학습에 매달리게 된 까닭은 무엇일까?

초등학교 과정 수학은 초등학교 수준에서 풀 수 있는 풀이법으로 배운다. x, y 같은 문자를 사용하지 않고 □를 사용하거나, 이항 개념을 사용하지 않고 분수 개념을 적용해 풀이하는 방식이다. 하지만 깊은 사고력을 요하는 문제들을 진지하게 오랜 시간 고민하며 풀다 보면 중학교 수준의 개념과 풀이를 끄집어낼 수 있게 된다.

즉, 억지로 선행 학습을 하지 않더라도 나이에 맞는 수학 문제를 깊게 배운다면 그 자체로 선행 학습이 될 수 있는 과목이 수학이라는 것이다. 무작정 진도를 나가는 선행 학습을 하는 것보다 이미 배운 수학적 개념과 공식들을 가지고 다양한 난이도의 문제들을 오랜 시간 정성 들여 풀고, 익히고, 사고하는 과정이 훨씬 더 수학 실력을 기르는 데 도움이 된다.

　과학고에 들어와 만난 친구들은 결코 초등학교 때부터 중고등 과정을 선행해 수학을 잘하게 된 아이들이 아니었다. 오히려 실력 정석에 나오는 미적분의 기초적인 공식조차 모르는 이도 많았다. 하지만 신기하게도 머릿속에 미적분의 개념을 이미 체득하고 있었 다. 그동안 문제를 기계적으로 풀지 않고 스스로 생각하고 또 생각 하며 풀어왔기 때문이었다.

　그들 대부분은 선행하는 아이들이 1~2년은 걸려야 완벽히 익힐 수 있는 실력정석의 수많은 문제를 한두 달 만에 독파했다. 그들에 겐 이미 익히 풀었던 문제들보다 쉬운, 약간의 공식과 개념이 더해 진 문제들이었을 뿐이다. 그들이 특히 뛰어나서 그런 것이 아니었 다. 그들이 문제를 깊이 탐구하면서 사고력을 키워왔기 때문이었다.

　수학의 깊이는 속도에 비례하지 않는다. 오랜 시간을 들여서 공 부해야 하는 과목은 맞지만 초등학교에 입학하기도 전부터, 수능을 치르기 12년 전부터 선행하라는 의미는 결코 아니다. 내가 말하는 '오랜 시간'이란 본격적인 수학 공부를 시작할 때 그 수학 개념의 의 미와 문제에 대해 깊이 생각하는 시간을 가지라는 뜻이다.

　빠르기만 한 선행은 빛 좋은 개살구 같은 수학 실력을 만드는 것 과 같다. 맹목적인 선행 학습에 너무 집착하거나 목매지 말자. 만약

그럼에도 다음 학습 진도를 미리 채우는 선행을 꼭 하고 싶다면 1~2
년 정도만 앞서 배우되, 동시에 다양하고 깊이 있는 제 학년 문제들
을 푸는 데 더 많은 시간과 노력을 쏟기를 바란다.

독학의 시간이 실력을 만든다

대치동 유명 수학 강사인 남휘종 서울과학고 후배와 수학 공부
법에 관해 여러 번 이야기를 나누면서 내린 결론이 있다.

"학원가의 소위 일타 강사들이 말하는 수학 고득점 맞는 요령이
나 비책, 요즘 공부할 때 많이들 참조하는 유튜버들의 요령이나 가
성비가 높은 수학 공부법에 너무 집착할 필요가 없다."

20년 전 수많은 학생을 상대로 과외나 학원 강의를 했을 때도, 요
새 유튜브 채널을 통해 수많은 구독자를 상대로 '수학을 잘하는 방
법'과 '수학 공부법'에 대해 얘기할 때도 늘 한결같이 하는 말이 있다.

"수학 공부는 왕도가 없는 게 왕도입니다."

역사 같은 암기 과목에는 대다수 사람에게 통하는 암기법이 있
다. 연상법이나 두문자 암기법 같은 몇몇 대표적인 암기법 중에서
자신이 가장 잘 외워지는 방법을 찾아 공부하면 된다. 영어나 국어
같은 언어 과목도 역시 효율적인 공부법이 있다. 예를 들어 비문학

의 경우 크게 글의 구조를 꼼꼼히 분석하는 방식과 지문을 읽으면서 바로 문제풀이까지 하는 방식으로 나뉜다. 과목에 통하는 공부법이 어느 정도 정해져 있으니 각자에게 가장 잘 맞는 것으로 선택하면 된다.

반면 수학은 개개인의 공부법이 모두 다르다. 같은 문제를 만나도 각자의 수학 실력이나 내공, 경험에 따라 그것을 대하는 방법이 천차만별이다. 그렇기에 어떤 특정인에게 효율적이고 효과적인 수학 공부법이라고 해서 그 방법이 학생들 개개인에게 그대로 효과가 있는 것은 아니다. 학원 선생님이나 선배들의 공부 노하우를 들어볼 수는 있다. 하지만 그대로 따르는 것은 정말 위험한 방법이다.

그렇다면, 본인에게 가장 맞는 수학 공부법은 어떻게 찾아야 할까? 그 방법은 가성비를 중시하는 젊은 MZ세대들이 제일 싫어하는 방법이기도 하다.

'그냥 우직하게 맨땅에 헤딩하듯이 기초부터 차근차근'

나 역시 유명 수학 강사들의 강의를 여럿 들었다. 톡톡히 효과를 봤다는 그들만의 공부법도 들을 수 있었다. 내가 공부하던 당시에는 요즘처럼 온라인 강의가 발달하지 않았기에 그곳에서 사용한 교재와 공부법은 그야말로 '고급 정보'였다.

학원 강의를 듣는 것만으로도, 강사들이 알려주는 비법을 듣는 것만으로도 나의 수학 실력이 오르는 기분이 들었다. 하지만 조금 극단적으로 표현하면 그것은 구경이지 공부가 아니었다. 결국 내 성적을 높여준 진짜 공부법은 그렇게 배운 '그들의' 방법이 아니라, 내가 오랜 시간 수학 문제를 잡고 씨름하며 터득한 '나만의' 방식이었다.

수업 시간에 배운 문제를 집에 돌아와 그대로 다시 풀어보자. 배운 공식과 풀이법을 상기하며 풀이를 완벽히 적지 못한다면, 같은 유형의 다른 문제로 복습하지 않는다면 시간이 흐른 뒤 똑같은 문제조차 스스로 풀 수 없다. 즉 눈으로 보거나 귀로 듣기만 한 것은 본인의 수학 실력으로 연결되지 않는다.

하나의 수학 문제를 가지고 몇 시간 또는 며칠 동안 고민하고 생각하는 과정을 비효율적이고 무의미한 시간으로 생각하는 경우가 있다. 보통 그런 사람들은 잠깐 고민하다가 문제의 실마리가 떠오르지 않으면 바로 해설지를 보거나 해설 강의를 켠다.

이런 방식으로 수학 공부를 하는 시간이야말로 가장 비효율적이고 무의미한 시간이다. 풀이법을 보고 머리를 끄덕이면 그 풀이법을 전부 아는 것 같겠지만, 역시나 다음번에도 그 문제는 풀지 못할 것이기 때문이다. 그렇다면 안타깝게도 전혀 공부를 안 한 것이나 다름없다.

자신의 수준에 맞춰 뚜벅뚜벅 걸어가자

독학의 시간을 가져야 한다. 강의나 수업을 들은 시간의 두세 배에 달하는 독학의 시간만이, 홀로 되새기고 반복한 시간만이 무너지지 않는 진짜 실력을 만든다. 만약 여러분이 초등학생이나 중학생이나 고등학생이라면 각 시기별로 할 공부를 시작하면 된다. 이때 내가 언급한 시기와 여러분의 상황이 맞지 않을 수 있다. 중학생이지만 초등 고학년 수학부터 다시 공부하며 기초를 쌓아야 할 수도 있고, 선행을 했지만 복습을 다시 해야 할 수도 있으며, 또는 차근차근 실력을 다져서 중3 때 고등 과정을 마쳤을 수도 있다.

중요한 것은 계산력과 사고력을 순차적으로 기르고, 고등 수학을 완성해 실전을 치르는 입시 때까지 내가 소개한 방법을 적용해 최대한 수학 내공을 기르는 것이다. 각자의 시작점에서 완주할 때까지 주어진 시간을 구상해 보고 자신만의 스케줄 표를 만들어라. 어떤 시기에 어떤 역량을 쏟아부을지 분배해 목표를 세우고 하나하나 여러분만의 벽을 깨나가면 된다.

그렇다면 여러분은 적어도 수학이라는 과목에서는 그 긴 시간 동안 최선의 노력을 다했다고 단언할 수 있다. 이 노력은 수능을 보고 대학에 진학한다고 해서 끝나는 것이 아니다. 여러분이 어떤 전공을 선택하고 어떤 직업을 가지든 여러분의 행동과 마음가짐에 평생토록 긍정적인 영향을 줄 것이다. 수학은 여러분이 수학 관련 직업을 선택하지 않더라도, 수학과 전혀 관련 없어 보이는 인생을 살아가더라도 논리적 사고력과 절제력 등 삶에 꼭 필요한 기본 자질을 길러주는 최고의 과목이기 때문이다.

그럼 본격적으로 수학 공부를 시작하기 전에 우리가 해야 할 일은 간단하다. 자신의 수학 레벨을 진단하는 것. 각 환자에게 맞춤형 약을 처방하듯, 각자의 수학 수준과 약점을 찾아 그에 맞는 공부법대로 차근차근 실행해 나가면 된다. 누군가는 초등학생 때부터 일찍 수학을 포기해서 이후 학습 내용이 모두 결핍되었을 수도 있고, 또 다른 누군가는 그나마 중학생 때까지 수학의 끈을 놓지 않고 있다가 고등학생 때 높아진 난이도에 방황하고 있을 수도 있다.

직접 서점에 나가 초중고 문제집을 훑어보면 자신의 수학 수준이 어디에 멈춰 있는지 진단할 수 있다. 여기서는 각 학년 수준에 해당하는 대표적인 문제들을 살펴보며 각자의 수학 레벨을 진단해 보자. 각각 초등, 중등, 고등 난이도의 문제를 살펴보면서 10분 이내에 풀이법을 떠올리거나 답을 찾지 못한다면, 아직 그 단계까지는 오르지 못했다는 뜻이다.

자세한 풀이법을 보고 싶다면 QR 코드를 활용할 것을 권한다.

나의 수학 레벨 진단테스트

초등 레벨 진단 문제

다음 그림에서 색칠한 부분의 넓이를 구하시오.

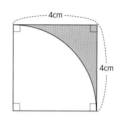

중등 레벨 진단 문제

두 다항식 A=4x³+x²-3x-2, B=x²-3x+2에 대하여 A-2X=B를 만족시키는 다항식 X는?

① -2x²-2   ② 2x²+2   ③ -2x³+2   ④ 2x³-2   ⑤ 2x³+2

고등 레벨 진단 문제

일차함수 y=ax+b의 그래프가 다음 그림과 같을 때, a, b를 두 근으로 하고 x²의 계수가 1인 이차방정식을 구하시오. (단, a, b는 상수)

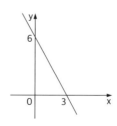

초등 레벨이라면,
기본으로 돌아가라

숫자와 친해지는 과정이 먼저다

단순 사칙연산도 오랜 시간 반복해야 익숙해지고 정확해진다. 사고력을 기르기 이전에, 단시간에 완벽하게 단순 계산 문제의 정답을 내는 연습이 필요하다. 주어진 시간 안에 비교적 많은 문제를 풀어야 하는 내신 시험은 물론이고, 수능 같은 큰 시험에서도 객관식 30문제를 90분 안에 풀고 정답을 골라야 한다.

수학은 사실 계산 실수로 정답이 틀리더라도 풀이 과정이 맞으면 80% 이상은 맞은 것이다. 실제로 한 문제에 한 시간 이상의 시간을 주는 KMO(한국수학올림피아드)나 IMO(국제수학올림피아드) 같은 시험에서는 최종 정답이 맞는지가 그리 중요하지 않다. 답보다 풀이 과정을 훨씬 중요하게 여기기 때문이다.

하지만 내신 시험이나 수능에서는 아무리 풀이 과정이 맞아도 정답이 틀리면 소용없다. 요즘 들어 논·서술형으로 내신 시험을 치르는 학교도 있긴 하지만 그조차도 풀이 과정만 맞고 정답이 틀리면 오답 처리된다. 학교에서 정한 바에 따라 부분 점수는 받을 수 있을지 몰라도 말이다.

나는 재능수학 학습지가 잘 맞아서 3~4학년까지 그걸로 연산 실력을 올렸다. 빠르고 정확하게 답을 내는 훈련을 계속하면서 자연스럽게 암산 능력도 키울 수 있었다. 연산 실력에 암산 능력까지 갖춰지면 문제를 푸는 속도가 비약적으로 발전한다.

요즘은 재능수학이나 구몬 같은 연산 학습지 말고도 다양한 연산 문제집이 많이 출시되어 있다. 교과서와 비슷한 진도로 구성된 문제집도 있고 학년별로 구성되어 있거나 분수나 소수, 방정식 등 특정 부분만 모아 구성된 것도 있으니 자신에게 필요한 내용으로 선택해 학습하면 된다.

우선 탄탄한 계산 능력을 쌓자. 그러면 추후 사고력 문제에 집중하느라 단순 계산 문제의 비중을 줄여도 계산의 정확도가 거의 떨어지지 않는다. 이는 마치 한번 외워둔 영단어는 반복해서 사용하

거나 외우지 않더라도 영어를 계속해서 쓰는 한 그 단어를 웬만해
서는 잊어버리지 않는 것과 같다.

수학을 익숙한 대상으로 바꾸다

매일 문제를 풀면서 규칙대로 셈하면 된다는데 정답은 둘째 치
고 꾸준히 정해진 분량을 학습하기도 어려운 경우가 있다. 왜 그럴
까? 재미없고 지루하기 때문이다. 연산하는 방법을 재미있게 익힐
수는 있어도 빠르고 정확하게 답을 내는 것은 결국 수련이다. 반복
하고 반복하면서 시간을 단축시키고 정답률을 높이는 이 수련의 과
정은 지난할 수밖에 없다.

연산 능력 향상을 돕는 문제집은 시중에 다양하게 마련되어 있
다. 만약 계산력을 높이는 연습을 이제 시작하는 단계라면 비교적
간단한 공식을 활용해서 쉬운 난이도부터 차근차근 반복 훈련해 나
가는 방식이 좋다.

예를 들면 이차방정식 단원의 문제 중에서 난이도가 높지 않고,
근의 공식이나 근과 계수와의 관계 등 간단한 공식을 이용하면 금
세 풀리는 문제부터 풀어보자. 또한 만약 현재 초등학생이라면 '재
능스스로수학'이나 '구몬수학' 등의 학습지를 정기적으로 구독하며

문제를 꾸준히 푸는 연습을 해도 도움이 된다.

연산 능력을 기르는 과정이 때로는 지루하고 무의미하게 느껴질 수도 있다. 하지만 단시간 내에 빠르게 계산해 내는 연산 능력이야말로, 정해진 시간 동안 여러 난이도의 문제를 풀며 정확하게 소수점 한 자리까지 정답을 계산해야 하는 수학이란 과목에서 가장 기초적이고도 중요한 능력이라는 점을 명심하자.

여러 자습서와 문제집으로 계산 능력을 기르는 것 외에도 일상생활 속에서 숫자와 친해지는 연습을 통해 연산 능력을 기를 수 있다. 예를 들어 버스를 타고 가면서 창밖에 보이는 자동차 번호판 숫자를 소인수분해 해보고 그 수가 소수임을 확인해 본다든지, 5개의 숫자를 가지고 사칙연산 기호를 넣어서 특정수나 0을 만들어본다든지 등의 습관을 들이면 스스로 수 놀이에 익숙해지게 된다.

나의 경우 최대공약수 개념을 알게 되었을 무렵에 버스를 타고 이동하다 네 자릿수 번호판을 보면 자연스레 최대공약수를 떠올렸다. 예를 들어 1234라는 번호판을 보았다면, '12와 34의 최대공약수는 2이지. 1+4는 2+3과 같네'라는 생각을 하며 지루한 이동 시간을 부지런히 보냈다.

수학 공부를 하며 친해진 수학 고수들 역시 마찬가지였다. 정도의 차이는 있었지만 다들 본격적으로 수학 학습을 시작하기 전 연산과 암산 능력을 충분히 길렀다. 그리고 탁월한 계산력을 밑천 삼아 수학 공식을 완성하는 데 흥미를 느꼈다. 과학고 동기인 형준이의 경우 3의 10제곱, 4의 10제곱을 흥미 삼아 머릿속으로 셈해보았다며, 이러한 과정이 수학적 감각이나 실력을 기르는 데 도움이 되었다고 한다.

이렇듯 수학을 우리 생활 구석구석에 있는 익숙한 대상으로 바꾸어두는 것이, 무작정 선행 학습을 하거나 처음부터 어려운 문제들에 도전하는 것보다 어떻게 보면 훨씬 더 효과적인 수학 공부의 첫걸음이다.

점차 심화된 문제로 사고력을 키우자

어느 정도 단순 계산에 익숙해지고 속도가 붙었다면 이제부터 조금씩 수학의 깊이를 느껴보는 것이 좋다.

수학은 과목의 특성상 양보다 질이 훨씬 더 중요하며 그것이 진정한 실력으로 연결되는 과목이다. 빠르게 몇 년 치를 앞서서 공부한다고 해서 그것이 진짜 승부처인 고등학교 때의 실력으로 연결되는 경우는 거의 없다.

믿기지 않겠지만 남들보다 느리더라도, 심지어 중학교 때 현행 학습으로만 수학 실력을 다지더라도 고등학교 때에는 누구보다도 나은 점수와 등급을 받을 수 있다. 예를 들어 미적분을 전혀 모르고 고2가 되었더라도, 고1 때까지 배우는 수학 과정을 100점 만점의 80점 수준으로만 충분히 깊게 익혔다면 한두 달 만에 미적분 내용을 익히고 문제도 풀 수 있다. 오히려 중학교 때 미적분을 선행 학습한 학생보다도 더 깊게 말이다.

그렇기 때문에 초등학교 레벨은 그 학년의 심화사고력 문제집이나 초등학교 수준의 경시 문제집을 많이 풀길 권한다. 우리 때는 중국 사천대학에서 출간한 『응용수학』이라는 책이 대표적인 사고력 문제집이었다. 요새는 시중에 더 다양한 문제집이 나와 있다. 출판사마다 학년별 심화 문제집도 수준에 따라 다양하게 구성되어 있으며 『1031』과 같은 사고력 문제집도 있다. 『3% 초등수학 올림피아드』와 같은 경시 대비 문제집이나 경시 기출문제집도 다양하니 자신의 수준에 맞게 시작하면 된다.

현재 자신의 실력이 이러한 고난이도의 문제집을 풀 실력이 아니라면, 그보다 낮은 단계의 문제집을 풀면서 충분히 수학적 깊이를 느끼고 사고력을 기를 수 있다. 다시 한 번 말하지만 본인의 수준에 맞으면서도 사고력의 깊이를 길러 주는 문제를 선택해야 하며, 문제의 난이도는 이 글을 읽는 여러분들의 수학적 실력에 따라 얼마든지 다를 수 있다.

앞서 언급한 『응용수학』이나 『1031』 같은 문제집들은 단지 그 한

예로 제시한 것이다. 이 책들이 너무나 어렵게 느껴진다면, 그 아래 난이도의 문제집들을 선택하면 된다. 심지어 초등학교 저학년 수준의 문제집 중에서도 여러분의 수학적 사고력을 길러주는 문제집도 얼마든지 찾을 수 있을 것이다.

반드시 경시대회 수준의 문제들을 섭렵해야 하는 것은 아니다. 가장 주안점을 두어야 하는 부분은 사고력이 필요한 문제들을 접해보고, 스스로 생각하는 과정을 거치며 기발하고 참신한 방법으로 수학 문제를 푸는 과정에 익숙해지는 것이다.

이런 과정은 일종의 예방 접종과 같다. 중학교 수학부터는 간단히 식을 세워 계산하는 문제에서 벗어나 약간의 사고력과 속임수가 추가된 수학 문제들을 접하게 된다. 그렇기에 초등학교 고학년 레벨의 심화 문제나 경시 문제를 푸는 연습을 하면 중학교 수학에 필요한 사고력을 어느 정도 길러둘 수 있다.

나 역시도 처음엔 『응용수학』이 어려워 문제를 잘 풀지 못했다. 하지만 점차적으로 난이도 있는 수학 문제들을 차근차근 접하면서 여러 방식과 방향으로 풀어보는 패턴에 익숙해질 수 있었다. 그리고 이때 경험한 여러 사고의 패턴들은 중고등 수학과 수능 고난도 문제들을 풀 때 큰 도움이 되었다.

그러니 여러분이 아직 초등 레벨이라면 초등학교 고학년 수준의 사고력 문제에 집중하는 것이 옳다. 이는 아무리 강조하고 또 강조해도 모자르다. 본격적으로 사고력을 요하는 중학교 수학을 거부감 없이 받아들이는 데 좋은 준비 과정이 될 것이니, 무의미한 선행 학습에 시간을 들이지 말고 이 과정을 반드시 거치기를 당부한다.

중등 레벨이라면, 수학 내공을 다져라

스스로 고민하는 시간이 1등급을 만든다

　탄탄한 계산 능력과 수학적 사고력을 어느 정도 길러두었다면 이제 진정한 수학을 배워야 하는 순간이다. 수능 수학은 단순 계산이나 간단한 식을 세우는 것으로는 해결이 안 되는 문제가 대부분이다. 이 때문에 중학교 때부터는 교과서에서도 좀 더 고차원의 사고력을 요하는 문제를 접하기 시작한다. 심지어 수능 때 이런 중학교 수학 개념과 원리가 문제에 녹아 있기도 하다.

　그러니 중학교 교육 과정을 가볍게 여기며 건너뛰거나 단순 계산에 치중한 선행 학습으로 훑으며 넘어간다면, 아무리 다음 학년의 수학을 공부해 봐도 수능이나 모의고사 문제를 풀기 어려워질 수밖에 없다.

이전까지 여러 사고력 문제에 끈기 있게 도전해 온 학생이라면 응용문제는 가뿐히 넘어서고 고난도 문제에 도전하며 더 큰 사고력을 기를 것이다. 그동안 중학 수학을 소홀히 했더라도 초심자의 마음으로 처음부터 차근차근 제대로 공부한다면 제 학년 수준은 물론이고 그다음 이어지는 단계까지 순탄하게 성장할 수 있다.

문제는 단순 계산에 치중한 선행 학습으로 중학교 과정을 훑은 학생이다. 중학교 수학을 접한 적 있으니 방정식, 함수도 잘 풀고 피타고라스 공식도 안다고 자부할 것이다. 아마 이런 학생들의 경우, 기본 문제나 응용문제까지는 잘 풀 수도 있다. 하지만 문제집에 있는 각 단원 고난도 문제를 맞닥뜨리는 순간, 문제에 손도 대지 못할 확률이 높다. 충분히 스스로 생각할 시간을 가지며 풀어내는 연습을 하지 못한 탓이다.

어떤 시험에서든 진짜 수학 성적의 격차는 고난도의 문제를 풀 수 있느냐, 없느냐로 갈린다. 중고등학교 내신 성적 역시 그간 수학을 어떻게 공부했느냐에 따라 결정된다. 그러니 이때는 학습법의 전환이 필요하다. 단 한 문제라도 최대한 깊이 있게 공부해야 한다.

어떻게 하면 깊이 있게 공부할 수 있을까? 막막하다면 이렇게 해

보자. 최대한 정답을 보지 않고 가급적 오랜 시간 그 문제를 여러 각도에서 생각해 본다. 풀이법이 떠오르더라도 그 풀이법이 최선의 풀이법인지, 아니면 더 나은 기발한 풀이법이 있는지, 해설집을 보거나 해설 강의를 듣기 전에 최대한 혼자 머릿속으로 다양하게 고민해 보는 것이다.

오랜 시간 공들여 풀자. 이러한 시간들이 차츰차츰 쌓이면 수능 1등급을 받을 정도의 수학적 사고력을 기를 수 있다. 산에 오르기 전에는 산 너머 풍경을 알 수 없다. 정상에 올라야만 비로소 산 너머가 보이기 마련이다. 유명 여행지 사진은 멋지지만 실감이 나지 않는다. 이 역시 직접 가봐야 그 경치나 역사적 산물을 실감할 수 있다. 수학도 마찬가지다.

수학 공부를 깊이 있게 해보기 전에는 내 말이 허튼소리처럼 여겨질 것이다. 하지만 나의 조언대로 사고력을 꾸준히 기르면 어느 순간 여러분도 깨달을 순간이 올 것이다.

패턴을 알면 문제가 풀린다

어느 정도 기초적인 수학 실력이 쌓인 중3이나 고1 정도의 나이와 실력이라면, 시중에 출시된 경시대회 문제집들을 사서 풀어보는 것이 내신과 수능에 필요한 수학적 사고력을 기르는 데 도움이 된다. 사실 수능에서 소위 말하는 '킬러 문제'들은 상당수가 수학 경시대회에서 상대적으로 쉬운 문제들의 풀이법이나 수학적 관점을 그대로 가져온 것이다. 그렇기 때문에 수학 경시대회와 전혀 상관없는 학생일지라도, 연산 능력과 같은 기초적인 수학 실력을 어느 정도 쌓았다면 한국수학올림피아드와 같은 수학 경시대회의 자습서나 문제집을 풀어볼 가치는 충분하다.

고난이도의 경시대회 문제를 완벽하게 풀어내라는 뜻은 당연히 아니다. 그러한 문제들을 접하며 바로 답을 내지 못하더라도, 해설집을 살펴보며 문제를 풀기 위한 접근 방식이나 풀이 방식을 익히고자 연습하면 된다. 그것만으로도 여러분은 다른 어떤 내신이나 수능 자습서, 문제집에서 얻지 못하는 수학적 깊이와 내공을 얻을 수 있다.

비슷한 유형의 문제들을 계속 붙잡고 풀이를 고민하다 보면 각 문제에 녹아 있는 '패턴'을 이해할 수 있다. 그리고 이 패턴을 익히고 기억해 두면, 문제를 풀 때마다 머릿속에서 각각에 맞는 패턴을 꺼내 적용하면서 쉽게 답의 실마리를 찾을 수 있다. 나는 이를 '패턴 기억 공부법'이라 이름 붙였다.

실전에서는 이전에 풀었던 문제들의 풀이법을 기억해 그 문제에 맞는 풀이법을 찾는 것만으로도 꽤 높은 수준의 성적을 받을 수 있다. 실제로 중3 때 봤던 경시대회에서 나는 이 패턴 기억 공부법의 효과를 톡톡히 봤다. 당시 총 6문제가 출제되었는데, 대치동 학원에서 풀었던 문제들의 풀이법을 적용하면 그대로 풀렸던 문제가 무려 4~5문제나 되었다.

앞서 학원에서 처음 정석을 배울 때 치른 시험에서 0점을 받았다고 고백했다. 0점 이후로도 극적인 변화는 없었다. 한두 문제라도 더 맞기는커녕 문제 자체를 이해하지 못해 고전했던 때가 나에게도 있었다.

그럼에도 나는 도전했다. 비슷한 유형의 문제를 반복적으로 접하며 이해가 안 되어도 풀이법 설명을 다시 떠올리며 직접 풀어보기를 반복했다. 그러자 어느 순간, 그 문제를 왜 그러한 풀이법으로 풀어야 하는지를 이해하기 시작했다. 그런 경험이 쌓이자 풀이 패턴이 보였고 특정한 풀이법들을 자연스레 암기하게 되었다.

여러분도 충분히 할 수 있다. 가장 고난도 시험이라는 경시대회를 예로 들었지만 여러분 앞에 직면한, 그리고 여러분에게 중요한 여러 시험에도 통하는 방법이다. 아무리 이해되지 않는 문제라도 끊임없이 도전하면 여러분도 풀이법을 이해하고 패턴을 암기하는 경지에 이를 수 있다. 그러면 준비하는 시험에서 우수한 성적을 거두는 건 시간문제다.

지치고 힘든 순간을 견뎌라

수학적 사고력을 기르기 위해서는 꽤 많은 시간과 노력이 필요할 것이다. 하지만 한 번 터득한 수학 실력은 사라지지 않고 유지된다. 바로 그 점이 수학에 많은 시간과 노력을 들일 가치가 충분한 이유다.

'아무리 수학이 중요한 과목이라지만 그렇게까지 많은 시간과 노력을 들일 가치가 있을까? 차라리 그 시간에 국어나 영어 혹은 암기 과목에 우선 힘을 쏟는 게 좋지 않을까?'

이런 고민을 하는 여러분을 이해한다. 하지만 한 번 쌓아 올린 수학의 탑은 절대 무너지지 않는다는 사실을 잊지 마시라. 중학교 3년간 충분한 시간을 들여 수학적 사고력을 쌓아두면, 이후 고등학교 3년간 여러분은 수학보다 다른 여러 과목에 더 많은 시간을 분산 투자할 수 있다. 남들이 수학이라는 과목에 대부분의 시간을 할애하고 있을 때 말이다. 그러면서도 수학 실력을 유지할 수 있으니 깊이 파고든 중학 시절의 공부가 오히려 시간을 절약하는 셈이 된다.

시간이 오래 걸려 비효율적이라는 생각에, 아무리 많은 시간을 들여도 점수가 잘 오르지 않는다는 생각에 일찌감치 수학을 포기하려는 중학생들에게 더욱 힘주어 말하고 싶다. 지금이 어떤 과목보다도 수학에 매진하고 몰두할 때라고 말이다.

당시 나는 『하이레벨』과 『에이급 수학』 문제집을 자유자재로 풀수 있을 정도로 풀고 또 풀면서 사고력을 키우고자 애썼다. 요즘도 두 문제집은 『블랙라벨』과 더불어 심화 교재로 유명하다. 오랜 기간 동안 최상위권 실력을 다지려는 학생들에게 인기 있다는 것은 그만큼 좋은 문제집으로 입증되었다는 뜻이다.

이러한 심화 교재는 최고난도 문제라도 중학교 교과 과정만으로도 풀 수 있다. 고등 수학의 개념을 적용하면 쉽게 풀리는 문제도 있겠지만 그렇게 푸는 것은 의미가 없다. 여러분이 배운 중학 수학의 개념으로 풀어야 의미 있는 학습으로 남는다.

개개인의 실력이 다른 만큼 심화 문제를 대하는 입장과 부담감도 다를 것이다.

"저는 좀 느린 학습자예요. 이제 응용 수준의 문제를 풀고 있는데, 심화서는 말만 들어도 너무 어려울 것 같아요."

이 말에 공감하는 독자도 많을 것이다. 심화 교재들의 구성을 살펴보면 기본 심화, 중간 심화, 고난도 심화 등으로 문제의 난이도가 나뉘어 있는 경우가 많다. 개념을 이제 막 배운 학생들에게는 당연히 기본 심화 문제도 어렵게 느껴질 테고, 응용문제로 단련된 학생에게는 가장 고난도 심화 문제가 적절한 난이도로 느껴질 수도 있다. 만약 고난도 심화 문제에 도전하고 싶지만 아직 버겁거나 부담된다면 가장 낮은 단계인 기본 또는 중간 심화 문제부터 충분히 풀

어보며 내공을 쌓아보자. 그런 다음 수학 실력이 좀 쌓였다고 판단
되었을 때 심화 단계에 도전하는 것도 방법이다.

중요한 것은 각자의 목표에 맞게 자신의 수준에서 최고 난이도
문제에 계속 도전하며 풀어보는 것이다. 그러면 처음에는 응용문제
도 반타작하던 실력이 어느 순간 고난도 문제도 척척 푸는 실력이
된다. 최대한 많은 시간을 투자한 값진 결과다.

3단계
고등 레벨이라면,
실전 기술을 길러라

실전도 연습하면 익숙해진다

　본인의 수학 실력이 고등 레벨이라면 이제 필요한 단계는 실전 수능 문제에 익숙해지는 것이다. 기출문제를 살펴보면 금방 알 수 있겠지만 내신에서의 수학 문제와 수능에서의 수학 문제는 출제 방식이 상당히 다르다.

　내신에서는 단순히 수학 개념이나 공식 등을 정확히 알고 있는 가를 확인하는 문제가 대다수라면, 수능에서는 쉬운 난이도의 문제를 제외하면 중간 난이도 문제부터는 대부분 어느 정도의 수학적 사고력과 깊이를 요구한다. 최상위권을 분별하기 위한 킬러 문제들의 경우는 상당한 정도의 수학적 사고력이나 깊이를 필요로 하고 말이다.

따라서 실제 학년이나 수학 수준이 고등 레벨의 학생이라면, 수학 공부를 차근차근 해나가면서 각 단원과 연관된 수능 기출문제나 수능 모의고사 문제들을 꾸준히 푸는 훈련을 해야 한다. 여기서 말하는 훈련이란 수능 출제 방식의 문제들에 익숙해지는 연습을 뜻한다. 물론 본격적인 훈련은 이 책의 3부에서 다루듯 수능을 1년 남짓 앞둔 막바지 시점부터 열심히 하면 충분하다.

단순 계산이나 1차원적인 풀이법으로 1분 안에 쉽게 풀리는 문제들이 아니라, 때로는 3분 이상 골똘히 생각하거나 평소의 풀이법과 달리 가끔은 전혀 다른 방식으로 접근해야만 비로소 문제의 실마리가 풀리는 (예를 들어 기하학적으로 접근해야 하는) 수능형 문제들을 접해야 한다. 평소 이러한 심화 문제들을 풀면서 쌓인 시간은 수능을 대비하여 단련하는 일련의 과정이 된다.

이러한 연습은 앞서 언급한 중고등학교 경시대회 문제들이나 수능 기출문제들을 통해 할 수 있다. 이때 중요한 사실은 어떠한 형태의 자습서와 문제들로 훈련하든 보자마자 바로 실마리가 풀리고 정답이 나오는 문제들이 아니라, 우선은 어떤 방식으로 접근해야 할지 한 번은 제동이 걸리는 문제여야 한다는 점이다. 난이도가 있는 킬러 문제들을 고1 때부터 접하며 풀어보는 훈련을 할 필요가 있다는 뜻이다.

1~2년이면 충분히 이뤄낼 수 있다

아무리 중고등학교 내신 시험에서 늘 1등급을 받고 수학 실력에 자신 있는 학생이라도, 처음에는 이런 고난도 문제들 앞에서 당황하여 정답을 3분 안에 내기는 매우 어려울 것이다. 하지만 이러한 어려움은 실력이 부족해서가 아니라 익숙하지 않기 때문임을 알아야 한다.

이미 여러분은 고등 레벨의 탄탄한 수학 실력을 갖추었다. 비록 처음에는 해결의 실마리도 잡기 어렵고 10분 이상 지나도 한 문제를 제대로 풀지 못할 수도 있다. 하지만 사고력을 요하는 수능형 문제에 계속 도전하면서 익숙해진다면, 고난이도 문제들이 점차 어렵지 않게 느껴지는 순간이 분명 온다. 그 순간은 보통 1~2년의 훈련이면 충분히 만날 수 있다. 그렇기에 고1 시절부터 수능형 문제를 푸는 연습을 하는 것만으로 실제 수능에서 만날 고난이도 문제들에 대비할 시간은 충분하다.

고3이 되기 전까지 이러한 고난이도 문제들에 익숙해지고 나면,

그 이후부터는 이 책의 3부에서 안내하는 수능 수학 공부법을 그대로 따라가기만 해도 무탈하게 수능까지 완주할 수 있다. 고1~고2 시절에 수학을 깊이 있게 훈련하면서 지칠 때마다 여러분이 명심할 것은 단 하나뿐이다. 여기서 조금만 더 시간을 들이면 내신 과목으로서의 수학뿐 아니라 좀 더 어렵고 고난도의 문제가 나오는 수능 과목으로서의 수학도 충분히 대비할 수 있다는 사실이다.

무조건 등급이 오르는
수학 정복법 3단계

PART 3

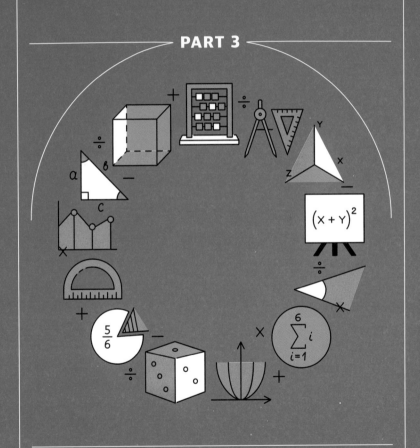

이제 결승선을 향해 달릴 차례다

1등급을 만들 모든 준비는 마쳤다

축하한다. 이 단계까지 온 여러분은 이제 기본 3등급 이상은 올릴 준비를 마쳤다. 오랜 시간 인고와 수련의 과정을 거치며 탄탄한 기반을 다졌으니 이제 최상위권으로 도약할 일만 남았다. 여기까지 차근차근 단계를 밟아온 여러분이라면, 수학은 타고난 머리를 지닌 천재들만 잘할 수 있는 분야라며 포기해 버리는 사람들에게 이제 자신 있게 말할 수 있다.

'오로지 노력만으로 수학을 정복하는 모습을 보여주겠다.'

실제 내가 가르쳤던 수많은 학생은 나를 처음 만났을 때 수학 실력이 제각각이었다. 학년은 중3이었지만 중1 수준의 단순 계산 문제도 제대로 풀지 못했던 학생부터 수능을 1년 남짓 앞두고 1등급의 문턱에서 좌절하던 고2 학생까지. 그동안 쌓아온 수학 실력과 공부 방식, 성적 수준은 다양했지만 나와 함께 1~3년 동안 공부하며 목표했던 입시 결과를 모두 이루었다. 실제 수능에서 본인이 간절히 바랐던 수학 성적은 물론, 최소 2~3등급에서 심지어 1등급까지를 달성해 냈다.

여러분도 충분히 할 수 있다. 지금까지 해왔듯 지치지 않고 수학 공부를 차근차근 해나간다면, 얼마 남지 않은 수능에서도 분명히 원하는 결과를 얻을 수 있다. 시험이 다가온다고 긴장하거나 초조해 할 것도 없다. 그동안 쌓아온 수학 실력이 절대 배신하지 않는 탄탄한 자신감이 될 테니 말이다. 그동안 사력을 다해 노력했던 것들을 당당히 보여줄 순간이 다가오니 오히려 설렐 일이다.

여전히 수능 수학을 막연히 낯설게 느끼거나 어렵게 여기는 사람들이 분명히 있을 것이다. 하지만 앞에서도 얘기했듯 그것은 수능 수학 문제들이 정말로 어려워서가 아니다. 단지 문제들이 아직 '익숙하지 않아서'임을, 여기까지 차근차근 수학 실력과 내공을 쌓아 온 학생들이라면 곧 알게 될 것이다.

수능 수학이라는 건 따로 있는 것이 아니라 그동안 풀어온 수많은 문제에서 출제 방식이나 풀이 방식을 살짝 변형한 문제일 뿐이다. 여러분이 풀어왔던 수학 문제들과 별 차이 없는 그저 그런 평범한 수학 문제들이라는 사실을, 그리고 공부를 통해 충분히 적응하고 뛰어넘을 수 있는 대상임을 앞으로 여러분에게 알려주고자 한다.

등급을 바꿀 3단계 공부법을 실천하라

그동안 각자 약점을 찾아 보완하면서 고등학교 수준까지 수학 실력을 끌어올리고 기반을 다졌다면, 이제는 수능이라는 최종 목적지를 향해 전력질주할 차례다. 실전에 통하는 공부법은 지금껏 해왔던 방식에서 조금은 달라져야 한다.

아무리 수학 실력이 뛰어나고 내공이 쌓였더라도, 수능 수학이라는 특정 유형의 시험에 완벽하게 적응하고 '90분'이라는 길지 않은 시간 동안 '30문제'를 완벽하게 풀고 검토까지 완료하려면 분명 수학이지만 또 다른 과목처럼 느껴지는 수능 수학을 정확하게 이해하고 훈련할 시간이 필요하다.

그러나 우리에게 주어진 시간은 많지 않다. 수학뿐 아니라 국어, 영어, 한국사에 사회탐구나 과학탐구까지 함께 공부해야 하고 내신 수학 역시 소홀히 할 수 없기 때문이다. 따라서 이 책에서는, 수험생 여러분에게 주어진 시간이 길지 않은 만큼 최대한 시간과 노력을 효율적으로 활용하며 보다 높은 등급까지 안정권으로 달성하는 방법을 설명하는 데 초점을 맞추고자 한다.

이제 수능 수학을 완주하는 동안 앞으로 설명할 3단계를 발판 삼아 1등급을 향해 더 높이 뛰어오를 일만 남았다. 여러분의 현재 성적이 어떻든 무조건 3등급은 상승하게 할 3단계 수학 공부법을 키워드로 간단하게 설명하면 '개념 학습-패턴 암기-기출문제 반복'으로 정리할 수 있다.

수학 과목의 각 단원에서 개념을 정확하게 학습하고(1단계), 이를 바탕으로 난이도 있는 문제들을 정확하게 분석하고 풀이법을 완벽하게 이해하여 풀이 패턴들을 암기 수준으로 체화한 다음(2단계), 그 체화된 풀이법 패턴들을 실전 수능 기출문제에 차례차례 대입해서 계산 실수 없이 정확하게 정답을 이끌어내는 것(3단계). 말로는 간단한 듯하지만, 그동안 길러온 수학 실력과 고등학교 3년간의 충실한 노력이 뒷받침되어야만 이뤄낼 수 있는 과정을 앞으로 차근차근 자세하게 설명하고자 한다.

고등 수학 과정은 본격적으로 수능과 직결되는 내용을 배우는 만큼, 시험에 이미 출제되었고 앞으로도 출제될 여러 기출문제에 등장하는 기본 개념과 문제 유형을 깊이 있게 익히며 내 것으로 만드는 게 핵심이다. 이를 바탕으로 수능에 대해 감을 쌓고 열심히 훈련하면 실전 수능에서 어떤 난이도의 문제를 만나더라도 안정적으로 제한시간 내에 정답을 낼 수 있다고 자신한다.

누누이 이야기했지만 수능 수학에는 아예 새로운 문제가 출제되지 않는다. 모두 우리가 배우고 경험했던 아는 문제들일 뿐이다. 그 문제들에 일종의 '수능 방식'을 더해서 약간의 수학적 아이디어나 사고력이 필요한 문제들로 조금 변형했을 뿐이다. 이 글을 읽는 여러분은 이 꼭지에서 다룰 3단계 수학 공부법을 바탕으로 수능 수학에 대한 막연한 공포를 지우고 꼭 필요한 공부만 하면서 성적을 높여가면 된다.

그렇다면 이제 본격적으로 수학 공부법에 대해 살펴보면서 특히 수능을 목전에 둔 고등학생은 수학 공부에서 구체적으로 어떤 준비를 해야 되는지 알아보자.

나만의
수학 속도를 찾아라

개념 학습은 영상이 아닌 글로 시작하라

요새는 수학 공식이나 이론 같은 기본 개념 공부를 책이 아닌 온라인 강의로 하는 학생이 많다. 강사의 설명을 들으며 공부하면 더 이해하기 쉬운 느낌이 들기 때문이겠지만, 수학은 그 어떠한 과목보다 온라인 강의에만 의존해서는 안 되는 과목이다.

똑같은 수학 이론에 대한 개념을 익히더라도 개개인이 그동안 쌓아온 수학적 내공에 따라 받아들이는 정도와 시간이 다르다. 그런데 온라인 강의 수강생들은 연령대조차 다양하다. 같은 고1 과정의 개념 강의더라도 선행을 하려는 중3 학생이 들을 수도, 개념 학습이 부족한 고3 학생이 들을 수도 있다. 따라서 수강생들의 수학 실력은 천차만별일 것이다.

그럼에도 온라인 강의는 수강자가 그 강의 내용을 모두 이해할 만큼 적정한 수학적 내공을 지니고 있다는 전제하에 일방향으로 전달된다. 강의 수준이 어느 정도 자신에게 적합한 경우라면 다행이지만 만약 그렇지 않다면 어떤 학생에게는 너무 쉽게, 또 어떤 학생에게는 너무 어렵게 느껴질 텐데 이는 두 학생 모두에게 비효율적인 방법이다.

따라서 개념 학습 단계에서는 수학 내공에 따라 주관적인 속도와 반응으로 익힐 수 있는 활자화된 책으로 공부를 시작하길 권한다. 특히 수학을 공부할 때 교과서를 등한시하는 경우가 많은데 교과서는 개념 공부를 하기에 가장 좋은 자습서다. 개념에 대해 기초부터 자세하고 꼼꼼하게 설명하고 있어서 새로운 공식의 유도 과정을 잘 이해할 수 있다.

수준에 따라 공부법은 약간 달라질 수 있다. 만일 중학교 수학 내신 성적이 평균 A등급을 받은 상태면서 고1 과정에 대해 꽤 깊은 이해력을 가지고 있다면 고등학교 진학 전 겨울방학 때부터 『수학의 정석』을 공부해 보자. 가능하면 실력정석을 보길 권한다. 실력정석과 기본정석의 난이도 차이가 꽤 크다고 생각하는 사람이 많은데, 그렇지 않다. 입학 전부터 실력정석으로 공부하는 것이 부담되고 진도도 걱정될 테지만 결과적으로는 이 선택이 고3 때 높은 수학 실력의 내공을 쌓는 데 더 큰 도움을 준다.

기본에 집중해 개념을 잡는다

수학 강사인 남휘종 후배의 말을 빌리면, 중학교 때 이미 고등학교 과정까지 선행 학습을 끝냈다는 학생들이 고등학생이 되면 미적분이나 삼각함수 개념을 다시 설명해 달라는 경우가 자주 있다고 한다. 그럴 때마다 왜 또다시 개념을 배우려는지 물어보면 학생들의 대답은 한결같았단다.

"너무 오래전에 배워서 그 개념을 잊어버렸어요."

이에 대해 나와 남휘종 강사가 내린 결론은 다음과 같다. 수학을 제대로 심도 있게 공부했다면, 그게 미적분이든 삼각함수든 그 개념이나 공식은 웬만해서는 잊어버릴 수가 없다. 수학의 개념은 영어 어휘나 역사 지식과 달리, 한 번 제대로 익힌다면 휘발하는 지식이 아니기 때문이다. 그럼에도 여러 번 반복한 그 수학적 개념들이 기억에서 사라졌다는 것은 잘못된 방식으로 수학 개념을 학습했기 때문이다.

물론 처음부터 개념 자체를 완벽하게 이해하기란 어렵다. 진짜 개념 습득의 완성은 교과서처럼 자세히 설명되어 있는 책으로 '개념 학습' 후 '문제 풀이'와 '개념 복습'이라는 과정을 반복해야 이루어진다.

예를 들면 집합이라는 단원에서 합집합, 여집합, 교집합 등 집합에 관련된 여러 수학적 개념을 교과서나 강의를 통해 배웠다고 해도 그러한 집합의 종류들에 대해 정확히 안다고 할 수 없다. 우선 집합의 종류나 집합 연산 과정에 대한 개념을 익힌 다음 학습한 개념을 활용한 실전 문제들을 적어도 몇십 개를 푼다. 어떤 개념을 어떤 방식으로 묻고 있는지 확인한 후, 다시 한번 교과서나 강의로 돌아가서 집합의 여러 개념들을 반복해서 익혀야 비로소 집합이라는 단원에 대해 완벽에 가깝게 공부했다고 할 수 있다.

특히 문제를 풀 때는 '집합의 여러 개념들이 실전 문제에는 어떻게 쓰이는지를 아는 과정'이 바로 뒤따라야 한다. 물론 『쎈 수학』처럼 그 문제를 풀 때 필요한 개념을 간략하게 힌트로 주는 문제집을 풀어도 좋다. 그렇더라도 개념 학습을 할 때는 그 후 뒤따르는 확인 문제를 푸는 데 급급해하지 말고 '이 개념들이 문제에서 어떤 식으로 쓰이게 되는지'를 곰곰이 반복해서 되뇌어 보자.

간혹 내신 시험에서는 마치 암기 과목처럼 선택지에서 잘못된 개념을 묻는 문제가 출제될 수 있지만 그런 문제는 거의 점수를 주려고 내는 문제나 다름없다. 대부분은 문제에 개념이 숨어 있다. 우리는 그 개념을 탐정처럼 찾아내 풀어야 한다. 따라서 문제 풀이 후 개념 복습이라는 과정을 꼭 거쳐야 한다는 것을, 이 과정이 비록 지루하고 시간이 많이 걸리는 어려운 과정이더라도 꼭 해야 한다는 것을 기억하자.

2단계
패턴을 익히면
정답이 보인다

수학도 암기가 필요하다

수학적 사고력을 탄탄히 길렀다면 드디어 고등 수학을 완성시킬 '이해를 바탕으로 한 패턴 암기' 공부법을 실행할 때다. 이제 여러분은 지금까지 기른 계산력과 수학적 사고력을 바탕으로 고등 수학의 풀이법 패턴을 암기하는 공부를 해야 한다. 그래야 고등 수학을 정복할 수 있다.

"수학이 암기라니요? 공식만을 외워서는 수학 문제를 해결할 수 없습니다. 만약 그렇다면 누구나 다 공식만 외워도 킬러 문제를 풀 수 있어야 하는 것 아닌가요?"

"수학에는 다양한 응용문제도 많고 매년 새로운 유형의 문제도 나와요. 그런 문제를 암기로 대처할 수 있을까요?"

많은 학생과 선생님들이 암기로는 수학에서 절대 좋은 성적을 얻을 수 없다고 얘기한다. 물론 맞는 말이다. 이해하는 과정 없이 단순하게 역사나 정치, 경제 과목처럼 외우기만 해서는 좋은 수학 성적을 얻을 수 없다. 숫자까지 똑같은 문제가 수학에서는 절대 나오지 않기 때문이다.

하지만 적어도 고등학교 내신이나 수능 수준의 문제는 특정 풀이법을 이해하기만 하면 최대 100가지 정도의 풀이법으로 모든 문제에 접근하고 해결할 수 있다. 내가 제안하는 암기법은 단순히 연도와 장소, 스펠링 등을 외우는 1차원적인 암기법이 아니다. 문제의 실마리가 되는 아이디어를 암기해 두었다가 비슷한 유형의 다양한 문제를 만났을 때 바로 적용해서 해답을 찾는 암기법이다.

이렇게 암기해 두면 실전에서 비슷한 유형의 문제가 나왔을 때 적용될 것 같은 3~4가지 방법이 저절로 머릿속에 떠올라 실마리를 얻을 수 있다. 그다음은 실타래 풀 듯 하나씩 생각해 보자.

'이런 문제들은 도형을 그리면 간단한 기하적인 공식(피타고라스 정리 같은)을 이용해서 쉽게 풀렸던 거 같은데, 도형을 그려볼까?'

'이 수식은 이차방정식을 유도하면 쉽게 풀렸던 것 같은데. 이 문

제에도 이차방정식을 세워볼까?'

이런 선택지를 5분 안에 빠르게 떠올리고 문제를 풀어본다. 첫 번째 방식이 아닌 것 같으면 두 번째 방식을, 두 번째 방식이 아니면 세 번째 방식을 도입하자. 대부분의 수능 문제는 아무리 고난도라도 생각한 패턴 중 하나로 풀린다. 물론 그만큼 머릿속에 각 문제에 맞는 풀이 패턴이 잘 정리되어 있고 접근 방식이 알맞아야 한다.

수학 문제는 특성상 한 문제당 3~4개의 풀이법이 있을 수 있다. 수능 수학은 총 30문항이므로 약 100개 전후의 풀이법만 완벽히 마스터한다면 아무리 어려운 문제가 나오더라도 충분히 1등급을 받을 수 있다는 뜻이다. 이는 역대 수능 기출문제들을 분석해 봐도 알 수 있다. 수능은 완전히 새로운 아이디어와 풀이법으로 푸는 시험이 아니다. 모두 그동안 익힌 공식과 이론을 기반으로 한, 여러분이 배운 적 있는 문제들이다. 그래서 수능 수학은 수학적 재능이 아니라 그동안 접한 다양한 풀이법을 완벽하게 이해하고 암기하고자 하는 노력 여부로 등급이 나눠진다.

물론 수학에서의 암기는 단순히 국사나 세계사에 나오는 문제들처럼 어떤 사건이나 연도를 외우는 사전적인 의미의 암기와는 다르다. 그러한 기계적인 암기로는 수학 문제에서 답을 찾을 수 없다. 수능 수학 문제는 이전 기출문제와 유형만이 같을 뿐 숫자는 늘 다르게 출제되기 때문이다.

역설적인 말 같지만 바로 이 때문에 '이해를 바탕으로 한 패턴 암기'라는 표현을 사용한 것이다. 이 표현이 전혀 모순적이지 않다는 것을 깨닫는 데서부터 수능 수학 공부가 비로소 시작된다.

당신이 실력정석을 독파해야 하는 이유

이제 내가 왜 실력정석을 추천했는지 그 이유를 확실히 말해줄 수 있다. 사실 1등급의 성적을 얻기 위해서 가장 중요한 것은 '어떤 문제를 풀어서 실력을 향상시키는가'에 달려 있다. 당연히 최고난도의 경시대회 문제나 대학 수학 수준의 문제들까지 풀고 익힌다면 고등학교 시험 1등급 달성은 아주 쉬울 것이다.

물론 수학 천재나 수학이 미칠 만큼 좋고 그런 문제들을 섭렵해도 시간이 남아도는 일부 독보적인 학생들이라면 어떤 문제를 풀어도 크게 상관없다. 하지만 그들을 제외한 절대 다수의 수험생들은 그럴 시간도 필요도 없다. 최고난도 문제에 아무리 시간을 오래 투자해도 모자랄 뿐더러 고등학교, 특히 고3 때는 수학에만 올인할 수 없는 노릇이기 때문이다.

또 자신이 일명 '수시파'나 '정시파'라고 해서 내신과 수능 어느 한쪽 공부에만 치중할 수도 없다. 수시파도 각 학교가 제시하는 수능 최저 기준을 맞춰야 하고 정시파라 해도 내신을 아주 소홀히 할 수는 없다. 명문대학일수록 내신과 수능 두 마리 토끼를 잡아야 한다.

내신과 수능에서 늘 1등급을 받을 만한 안정적인 실력을 쌓으려면 그 시험들에서 자주 출제되는 문제들을 풀어야 하는데, 이러한 문제들을 가장 효과적으로 모아둔 것이 바로 『실력 수학의 정석』이다.

사실 『수학의 정석』은 이미 1970년대 본고사 시절(이때는 수학 문제의 수준이 수능보다 훨씬 높았다.)부터 수학 1등급을 향해 공부하는 수천만 수험생의 바이블이었다. 1994년에 첫 수능이 시작된 이후로도 2010년 전후까지 꽤 오랜 시간 동안 '중상위권 학생들의 제2의 교과서'라는 별칭이 붙을 만큼 필독서로 인기를 누렸다.

그러다 교육 과정이 바뀌는 무렵부터 새 흐름에 맞춘 문제집과 자습서가 쏟아져 나왔다. 내신 대비 문제집, 수능 대비 문제집, 온라인 강의용 문제집 등 수험생들의 필요에 따라 종류까지 다양하게 선택할 수 있게 되면서 정석은 어딘가 고리타분한 교재로 여겨지기 시작했다.

하지만 요즘 시중에서 인기 있는 문제집들은 정도의 차이는 있지만 『수학의 정석』에 나오는 문제들을 기반으로 만들어낸 것이 많다. 거기에 역대 수능 기출문제나 기출 변형 문제들을 몇 가지 추가한 것뿐이다.

단 한 권으로 기본부터 심화까지 끝낸다

실력정석이 좋은 자습서임을 알아도 선뜻 그것으로 공부하기를 주저하는 이유는 대체로 비슷하다.

"내용이 빈틈없이 빼곡해서 다른 문제집들보다 더 어렵게 느껴져요."

"문제 난이도도 높아서 1회독 하는 데 시간이 너무 오래 걸린다고 들었어요."

"공부할 것도 많은데 시간을 잡아먹으니 가성비가 떨어지는 것 같아요."

실력정석에 대한 생각은 보통 '카더라'로 들려오는 이야기와 두께를 보고 느끼는 막연한 거부감인 경우가 많다. 그런데 막상 주변에서 들려오는 말을 잠시 뒤로 하고 직접 풀어보면 그렇게나 어렵고 시간이 오래 걸리는 책이 아님을 알 수 있다.

실력정석을 풀기 위해 오랜 시간과 노력을 들여야 하는 것은 사실이다. 하지만 상대적으로 시간이 많은 고1~고2 동안 이 책의 내용을 완벽하게 본인의 것으로 익힌다면, 오히려 그때까지 들인 시간과 노력 이상의 효과를 고3 때 돌려받을 수 있다.

보통 다른 문제집들은 어떤 단원의 모든 과정을 살펴보려면 문제집 3~4권을 풀도록 구성된다. 개념서, 응용서, 심화서 순으로 풀게 되는데 고3 과정까지 3~4권의 문제집을 제대로 풀 수 있는 물리적인 시간이 결코 많지 않다. 특히 두 가지 문제가 생긴다.

첫째, 심화 문제까지 깊이 있게 살펴볼 시간이 부족하다. 아직 개념 습득이 되지 않았거나 풀이 과정에서 자주 막히는 수준이라면 아무래도 문제를 푸는 속도가 느리다. 이 경우 응용 교재까지는 어떻게 접근해 볼 수 있지만, 심화 교재까지는 풀 시간을 마련하기 어려워진다. 심화 교재를 마치더라도 수능 모의고사나 기출문제를 풀며 수능에 대비할 시간이 부족해지거나 정작 꼭 마스터해야 하는 킬러 문제를 놓칠 우려가 있다.

둘째, 불필요한 공부 시간을 소비하게 된다. 상위권과 최상위권의 경우 빠르게 마스터할 수는 있겠지만 문제집을 순차적으로 쳐내다 보면 안 해도 될 공부를 하게 된다. 응용서라고 해서 명확하게 응용문제만 있고 심화서라고 해서 무조건 어려운 문제로만 구성되어 있는 것이 아니다. 문제집 안에서도 또 단계가 나뉜다. 예를 들어 심화서도 개념을 확인하고 중간 난이도의 문제로 실력을 점검하도록 구성된 단계들이 있다. 최상위권의 경우 이 앞 단계들은 굳이 풀 필요가 없는 문제들이다.

이미 경험으로 알겠지만 수학은 맞았던 문제는 또 맞고 틀렸던 문제는 또 틀리는 과목이다. 과감하게 '맞을 문제들은 버리고' 마지막 단계만 푼다면 좋겠지만 어딘가 찜찜해 전부 푸는 경우가 많을 것이다. 최상위권이라면 당연히 맞힐 문제에 투자한 시간은 버린 시간이나 마찬가지다. 실력 향상에 도움이 되지 않으니 말이다.

놀랍게도 실력정석은 아직 기초가 부족한 하위권 학생부터 충분히 고득점 문제를 풀 수 있는 최상위권 학생까지 모든 수험생들의 성적을 향상시켜 준다.

중위권까지의 그룹은 실력정석을 통해 각자의 속도로 개념을 익히면서도 어려운 문제까지 한번에 접해볼 수 있다. 비록 처음엔 제대로 못 풀어낼 수도 있지만 단원마다 어려운 문제에 접근하는 도전을 계속하다 보면 실력이 쌓여 풀 수 있는 문제가 많아진다. 또한 다른 문제집을 단계별로 볼 때는 시간관계상 펼치지 못했던 수준에까지 도전해 볼 수 있고, 최상위권 그룹은 그야말로 한번에 개념부터 심화까지 해결할 수 있으니 훨씬 시간이 절약될 것이다.

내가 암기한 풀이법은 어떤 시험에도 통하는 열쇠가 된다

실력정석을 고등 수학 자습서로 추천한 데에는 아이러니하게도 학생들이 정석을 보지 않으려는 이유와 맞닿아 있다. 바로 '정석의 방대함'이다. 이때 방대하다는 뜻은 단순히 많은 문제 개수를 의미하는 것은 아니다. 오히려 다른 문제집에 비해 문제 수는 그렇게 많지 않다. 문제보다는 개념이나 공식을 설명하는 데 많은 지면을 할애하고 있고, 그 설명에 딸린 한두 가지 유제만 보통 그 페이지의 하단에 있을 뿐이다.

그렇다면 대체 정석의 방대함이라는 것은 어떤 의미일까? 그것은 바로 수학적 사고력을 기르는 데 절대적으로 필요한 '문제 풀이 방법의 방대함'을 뜻한다.

예를 들어 『실력 수학의 정석』 수학(상) 목차를 보면 '이차방정식 판별식' 파트가 있다. 다른 문제집의 경우 '이차방정식' 파트 안에서 곁가지 형식으로 판별식을 다루지만 정석의 경우 별개의 장으로 구성하여 더 상세하게 다룬다. 판별식을 활용한 거의 대부분의 유형 풀이법을 함께 배우게 되는 것이다.

다른 파트 역시 한 장에 묶여 있든 독립된 장으로 되어 있든 고등 수학에서 다룰 만한 대부분의 풀이법이 수록되어 있고, 그러한 풀이법을 직접 문제를 풀며 익힐 수 있도록 되어 있다.

따라서 실력정석에 수록된 모든 문제의 풀이법을 시간과 노력을 들여 열심히 익힌다면 수능에 나오는 문제의 풀이법을 모두 익히는 셈이 된다. 그러한 문제들을 '이해를 통한 패턴 암기'로 완벽하게 본인의 것으로 만든다면 실전에서도 체화한 풀이법을 적용하며 문제를 빠르게 풀 수 있다. 즉, 시간 싸움이라고 할 수 있는 실제 수능 시험장에서 새로운 풀이법을 생각해 낼 필요가 없어지는 것이다. 그러니 실력정석은 실전에 가장 효과적인 방대한 기본서다.

그러면 문제에서 풀이법을 어떻게 도출하고 암기해야 할지 예제로 설명하겠다. 이 설명은 문제 풀의 강의가 아니다. 문제를 마주한 순간 이전에 배운 공식을 생각해 내는 과정을 살펴보고, 여러분이 공부할 때 스스로 풀이법을 도출할 수 있도록 '생각하는 방법'을 안내하는 것이다. 책에서는 각 문제의 풀이 과정을 간단히 안내하지만, 더 자세한 풀이법이나 패턴을 익히고 싶다면 각 문제에 함께 제시한 QR 코드를 활용하길 바란다.

[문제 유형 예제 1]

2^{299}을 9로 나누었을 때의 나머지는?

① 4　② 5　③ 6　④ 7　⑤ 8

위 문제와 같이 2의 배수를 어떤 수로 나누었을 때의 나머지를 구하는 문제 유형은 모의고사와 수능에서 자주 출제되는 유형 중 하나다. 아무리 천재라도 2^{299}을 암산하기는 어렵다. 그렇지만 하나의 수식만 규칙처럼 알고 있으면 쉽게 풀 수 있다. 바로 2^3은 8이라는 점이다. 이게 무슨 말인지 문제를 풀면서 설명하겠다.

우선 2^{299}에서 제곱수 299는 3×99+2로 나타낼 수 있다. 이를 대입해서 정리해 보면 $2^{299}=(2^3)^{99}\times2^2$이고, 여기에 앞서 살펴봤듯 $2^3=9-1$이므로 이를 대입하면 다음과 같이 정리된다.

$$2^{299}=(9-1)^{99}\times2^2$$
$$=\{9^{99}+a_1+a_2+\cdots+a_{97}+a_{98}+(-1)^{99}\}\times4$$
$$=(9k-1)\times4$$
$$=36k-4$$

따라서 $2^{299}=36k-4$ 라는 결론에서 나머지는 -4라는 점을 알 수 있고, 이를 양수로 바꾸면 -4=-9+5이므로 2^{299}을 9로 나누었을 때의 나머지는 5라는 점을 알 수 있다. 이처럼 2의 배수를 9로 나누었을 때의 나머지를 구하는 문제 유형은 $2^3=9-1$이라는 간단한 패턴만 알고 있으면 당황하지 않고 쉽게 풀어낼 수 있다. 같은 유형의 다음 문제도 간단히 살펴보자.

[문제 유형 예제 2]

2^{637}을 7로 나누었을 때의 나머지는?

위 문제에서 주어진 숫자는 모두 이전과 다르지만, 앞서 살펴본 예제 1과 같이 2의 배수를 어떤 수로 나누었을 때의 나머지를 구하는 문제 유형이므로 $2^3=7+1$이라는 패턴을 떠올려서 풀면 된다. 따라서 $2^{637}=(7+1)^{212}\times2$이고, 이는 곧 $\{7^{212}+a_1+a_2+\cdots a_{211}+1^{212}\}\times2$이므로 나머지는 2가 된다.

또 다른 문제 패턴을 살펴보자. 다음 문제 또한 수능에 자주 출제되는 유형으로, 부등식의 최솟값을 구하는 문제이다.

[문제 유형 예제 3]

x>0, y>0이고, xy=1일 때, 3x+4y의 최솟값을 구하라.

이 문제는 산술 기하 평균 공식을 알고 있으면 비교적 간단하게 답을 구할 수 있다. 산술 기하 평균 공식은 a>0, b>0인 양수일 때 $\frac{a+b}{2}\geq\sqrt{ab}$이며 이는 곧 $a+b\geq2\sqrt{ab}$이다. 이 공식(패턴의 풀이법)을 이용하면 부등식의 최댓값, 최솟값 문제가 쉽게 풀린다.

위 문제에서 3x를 a, 4y를 b라고 두고 풀면 산술 기하 평균에 따라 $3x+4y \geq 2\sqrt{3x\times4y}$로 나타낼 수 있다. 따라서 최솟값은 $2\sqrt{12xy}$이며, 문제에서 xy=1이라 제시되었으므로 최솟값은 4√3임을 구할 수 있다.

최솟값을 구하는 문제는 산술 기하 평균을 이용해 푼다는 패턴을 머릿속에 익혔다면, 조금 더 복잡해 보이는 다음 문제도 손쉽게 풀린다. 문제를 이리저리 살펴보며 어떻게 풀어야 할지 깊이 고민하지 않고도 거의 자동적으로 패턴을 대입해 보며 속도를 높일 수 있다.

[문제 유형 예제 4]

a>0, b>0일 때, $(a+b)\left(\dfrac{6}{a}+\dfrac{24}{b}\right)$의 최솟값은?

산술 기하 평균을 활용해 위 식을 정리하면 $(a+b)\left(\dfrac{6}{a}+\dfrac{24}{b}\right)=$ $6+\dfrac{6b}{a}+\dfrac{24a}{b}+24$이다. 따라서 $30+\dfrac{6b}{a}+\dfrac{24a}{b}\geq30+2\sqrt{6\times24}$로 정리할 수 있는데, 이때 $\dfrac{6b}{a}=\dfrac{24a}{b}$이므로 $b^2=4a^2$이고 b=2a임을 알 수 있다. 이렇게 구한 b의 값을 다시 문제에 대입하여 풀면 최솟값은 54라는 답이 나온다.

처음엔 막막해도 2년이면 충분하다

중학교 졸업을 앞둔 겨울방학이거나 이제 막 고등학교 입학을 한 시점에서는 수학을 실력정석으로 공부하는 것에 대해 여전히 의문이 들 수 있다.

'아무리 늦어도 고2 수학 과정까지는 진도를 다 마쳐야 할 텐데……. 다른 수학 문제집을 몇 번 돌리는 게 낫지 않을까?'

여러분의 걱정을 십분 이해한다. 하지만 그 생각은 대부분 틀렸다는 점을 분명히 해두고 싶다. 정석을 풀면서 다른 문제집 1~2권을 같이 푸는 것은 얼마든지 추천할 만하다. 정석의 풀이법과 다른 문제집의 풀이법이 궤를 같이하지만 정석에는 상대적으로 수능형 문제가 부족하니 다른 문제집의 '수능형 문제'를 풀어보는 것도 도움이 될 것이다. 하지만 그러한 수능형 문제들은 고등학교 3학년이 되고 나서 본격적으로 모의고사와 수능 기출문제를 접하면서 익혀도 충분하다.

반신반의할 여러분을 위해 고1에 시작해도 충분히 실력정석을 섭렵하고 2년 만에 1등급을 만들 수 있는 커리큘럼을 제안하겠다. 고등학교 3년 동안 배우는 공통 수학과 수학 1, 2의 공부 비율을 정리하면 다음 그림과 같이 나타낼 수 있다.

수학(상), (하)		수학 1, 2	
60%		**40%**	

특히 우리가 가장 신경 써야 할 과목은 앞으로 고등학교 내내 배울 수학의 기반이 되는 '공통 수학'이다. 아래 공부 커리큘럼은 고등학교 1학년부터 공통 수학을 처음 접한 학생이 따라야 할 커리큘럼이다.

공통 1회독	공통 2~3회독	공통 3~5회독 수학 1, 2 1회독		선택 과목, 기출문제	
1학기	**2학기**	**1학기**	**2학기**	**1학기**	**2학기**
고1		고2		고3	

공통 수학을 고1 겨울방학까지 3회독 하는 것이 가장 최적이지만, 어렵다면 아무리 늦어도 고2 2학기까지 3회독을 마쳐야 한다. 고2부터 배우는 수학 1, 2의 기반이 되고 유기적인 관계를 맺는 공통 수학에 공을 들여야 한다는 말이다. 그다음 수학 1, 2는 고2 2학기까지 1회독을 하면 되고, 미적분이나 확률과 통계 같은 선택 과목은 고3 때부터 각자 선택한 것을 차근차근 공부하면 된다.

이렇게 공부하면 중학교 때 선행을 하지 않았더라도 고3이 되기 전에 정석을 통해 고등 수학 과정을 충분히 숙지할 수 있다. 개인의 속도와 역량에 따라 가능한 복습 횟수에 차이는 있겠지만 결코 여러분이 이루지 못할 목표가 아니다.

3단계
기출문제는
반복이 답이다

이번 수능의 답은 기출문제에 있다

그동안 오랜 수련으로 쌓아온 수학 역량의 결실을 이룰 때가 머지않았다. 지금부터 할 일은 가장 공신력 있는 문제들을 풀면서 실력을 점검하고 수학적 감을 유지하는 일이다. 그동안 제대로 공부해 왔다면, 그래서 여러 수학 문제의 풀이법을 암기해 쏙쏙 빼먹을 정도로 익혀두었다면 본격적인 수능 수학을 대비한 1년여의 공부는 오히려 쉽다. 이제부터는 많은 시간을 들일 필요도, 소위 양치기를 할 것도 없다.

수능 1등급을 받을 정도의 수학 실력이 80% 정도 갖춰진 상태에서 나머지 20%를 채우는 방법은 일주일에 1회분의 수능이나 모의고사 기출문제를 푸는 것이다. 이때 중요한 것은 1년밖에 남지 않은 입시에 대한 조급함이나 걱정 때문에 무작정 여러 문제집을 닥치는 대로 많이 풀어서는 절대 안 된다는 점이다.

다른 과목들도 마찬가지지만 수학의 경우는 특히나 실제 수능에 출제되는 문제 유형에 가깝게 고심해서 만들어진 문제 1개가, 단순히 문제집 자체를 위해 별다른 성의나 검토 없이 만들어진 문제 10개를 푸는 것보다 실력 향상에 백배 도움이 된다. 아니, 오히려 질이 떨어지는 문제를 많이 풀면 풀수록 기껏 그동안 잘 쌓아둔 수학 실력이 떨어질 수도 있다.

따라서 고등학교 3학년이라는 이 소중한 1년간은 최대한 엄선되고 충분한 시간과 검토를 통해 만들어진, 실제 수능과 가까운 문제를 푸는 데만 온전히 쏟아야 한다.

과연 수학에 있어서 실제 수능과 가까운 엄선된 문제란 어떤 문제를 뜻하는 것일까? 어렵게 생각할 필요가 없다. 실제 수능과 가까운 문제는 바로 '수능 기출문제'다. 1994년부터 시작한 수능은 벌써 30년 가까이 치러졌기에 수능 기출문제만 해도 거의 1000문제 가까이 쌓여 있다. 마지막 1년간 풀어야 할 문제들은 바로 역대 수능 기출문제다.

그간 공부하면서 수능 기출문제들을 이미 접해 보았을 것이다. 보통 고등 수학 문제집에 단원별로 수능 기출문제가 2~5문항 내외씩 실리는 경우가 많기 때문이다. 그러나 그것은 해당 단원을 공부한 것이지 기출문제를 완벽히 소화했다고 보기에는 어렵다.

여러분의 목표는 이러한 수능 기출문제들을 완벽하게 풀이법까지 익히는 것이다. 그래서 약 1000개의 문제 중 갑자기 어느 한 문제가 무작위로 나오더라도 5분 안에 문제를 풀어서 정답을 낼 수 있는 수준이 되어야 한다. 실전 수능 시험장에서 수학 한 문제에 주어진 시간은 아무리 길게 잡아도 5분이기 때문이다.

가능하다면 그러한 기출문제들의 풀이법을 두세 가지씩 습득해서 한 문제당 서로 다른 풀이 여러 개를 이해하고 암기해 두면 좋다. 예를 들어 지금 풀고 있는 기출문제의 가장 짧은 풀이법이 A라고 하더라도, 그 문제를 조금 변형해서 나올 수능 문제의 효과적인 풀이법은 B나 C가 될 수도 있기 때문이다.

이 작업은 생각보다 오래 걸릴 수 있다. 그렇더라도 기출문제들의 풀이법이나 출제 의도를 이해하고, 그 문제의 다른 풀이법까지 생각해 보는 과정은 필수다. 수능은 '기출문제와 비슷하지만 다른' 문제를 빠르고 정확하게 풀어 정답을 내는 시험이기 때문이다.

이런 과정이 끝나면 그다음으로 풀어봐야 할 문제는 1년에 2~3번 치러지는 '교육청 모의고사' 수학 기출문제들이다. 보통 교육청

에서는 그해 수능의 출제 의도를 수험생들에게 보여주고, 난이도를 조절하기 위해 테스트용으로 전국 모의고사를 실시한다. 교육청 모의고사 문제는 사설 모의고사와는 달리 실제 수능 출제진과 엇비슷한 출제진들이 꽤 심혈을 기울여서 만들고 사전 검토 과정을 거쳐 출제한다. 따라서 실전 수능에 제일 가까운 시험이라고 할 수 있다.

역대 교육청 모의고사와 수능 기출문제를 합치면 그 양은 약 4000개가량 된다. 중요한 것은 이 문제들이 그 어떤 수능 대비 수학 자습서에 나오는 것들보다 더 다양하고 엄선된, 실전 수능에 제일 가까운 양질의 것들이라는 점이다.

이 문제들은 모두 인터넷을 통해 누구든 내려받을 수 있다. 고등학교 3학년 동안 반복해서 풀고 이해하고 암기해서 자기의 것으로 체화시키도록 하자. 이 단계를 마치면 여러분은 수능 수학이 어떤 난이도로 출제되더라도, 수능 당일 여러분의 컨디션이 어떠하더라도 어렵지 않게 1등급을 따낼 수 있을 것이다.

무기를 장착했다면 이제 속도를 높여라

이 정도 경지에 이르면 '파이널 모의고사 총정리' 문제도, 정말 역대급 난이도라 불린 해의 수능 수학 기출문제도, 일부러 지저분하게 꼬아서 낸 문제가 아니고서야 대부분 빠르고 정확히 풀 실력을 갖추게 될 것이다. 심지어 한두 문제에서 5분 이상의 시간이 걸리거나, 10분 이상의 시간을 투자했는데도 풀지 못한 문제가 있더라도 1등급을 받는 데는 지장이 없을 것이다.

이때부터는 일주일에 한두 번 정도 30문제짜리 모의고사를 풀어보며 감을 꾸준히 익히도록 하자. 단, 한 문제당 3분으로 시간제한을 두고 푸는 연습을 하면 좋다. 30문제를 푼다면 검토까지 아무리 오래 걸리더라도 90분 안에는 마칠 수 있어야 한다. 그래야 실전 수능에서 주어진 시간을 이용해서 OMR 카드 마킹까지 할 수 있다.

그러니 가능하다면 제한 시간을 80분, 70분으로 차츰 줄여나가 결국에는 한 문제당 2분 안에 풀도록 훈련하자. 그렇게 해서 60분 안에 30문제를 완벽하게 해결할 수 있게 만들어야 한다.

고사실에서의 시간은 생각보다 빠르게 흐른다. 일반적인 예상보다 그해의 수능 수학 문제가 어렵게 출제된다든지, 실전이 주는 긴장감으로 인해 평소에 하지 않던 계산 실수를 한다든지 등의 변수가 얼마든지 일어날 수 있다. 따라서 문제를 다 푼 후에 검토하고 안전하게 OMR 마킹을 할 수 있는 시간 20~30분 정도는 남겨두는 것이 좋다.

계산 실수로 문제 풀이가 막히면 더욱 긴장하게 되어 이후 풀이에도 영향을 미치게 된다. 이를 대비해 초고난도 문제를 막힘없이 풀 정도의 실력 수준에 이미 도달했더라도 1년간은 단순 계산 문제를 푸는 시간을 일정하게 배분해야 한다. 이를 통해 실수하지 않는 정확하고 빠른 계산 실력을 유지할 수 있다.

여기까지 준비했다면, 여러분이 아무리 타고난 재능이 부족한 학생이더라도 어렵지 않게 내신과 수능 수학 모두 1등급을 달성할 수 있게 될 것이다. 그러기 위해 이 책을 읽는 여러분이 해야 할 일은 분명하다. 각기 다를 여러분의 현재 시점에서 내가 알려준 수학 공부법을 지금 바로 시작하는 것이다.

수학 공부에는 빠르고 늦음이 없다.
얕게 공부했나, 깊게 공부했나만이 있을 뿐이다.

수학을 포기하기 전 꼭 알아야 할 것들

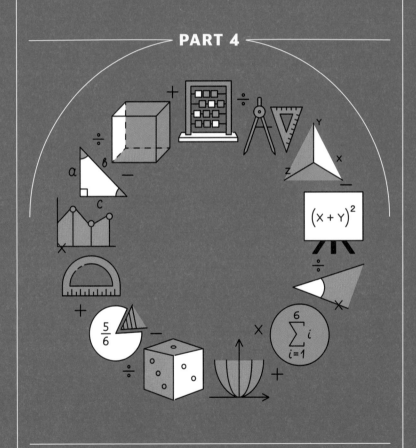

PART 4

실수는
더 높이 뛰어오를 기회다

실수도 실력이라는 말의 참뜻

"분명 아는 문제였고 풀이 패턴도 맞았는데 계산 실수를 해서 틀렸어요."

수학 문제를 풀 때 계산 과정에서의 실수로 답을 틀리면 뭔가 점수를 도둑맞은 듯한 기분이 든다. 하지만 그런 학생들에게 내가 늘 하는 얘기가 있다.

"수학이라는 과목에 있어서는 실수도 곧 실력입니다. 계산 실수는 결국 실력이 부족하다는 뜻입니다."

잔인하고 냉정하게 들리겠지만 이미 이 책의 앞부분을 읽은 여러분이라면 내가 왜 이 얘기를 했는지 이해할 수 있을 것이다. 수학 실력의 기초는 계산 능력이다. 사고력과 창의성이 수학 실력을 판단하는 바로미터라지만 결국 계산력이라는 기본 토대가 없이 길러진 사고력과 창의성만으로는 정답을 끌어낼 수 없다.

어떤 의미에서는 계산 능력이 수학적 사고력보다 더 중요하다고 할 수 있다. 기껏 남들이 생각하지 못한 깊은 수학적 사고력으로 어떤 문제를 풀어내더라도, 남들이 다 쉽게 푸는 문제를 실수로 틀리면 사실 시험의 결과는 별 차이가 없는 것이다.

그렇다면 과연 이러한 계산 실수는 어떻게 해야 줄일 수 있을까? 우선은 앞에서도 얘기했듯이 반복적으로 계산 문제를 풀고 숫자 자체와 친해지려고 노력함으로써 빠르고 정확한 계산 실력을 갖춰야 한다.

물론 타고난 재능으로 탁월한 계산 능력을 가지고 있는 사람도 있겠지만 사실상 암기 능력처럼 반복된 훈련으로도 충분히 끌어올릴 수 있다. 따라서 계산 실수를 했다는 것은 사실 '실수'가 아니다. 그만큼 시험 전까지 성실하게 준비하지 않아 계산 실력을 최고의 상태로 끌어올리지 못했음을 고백하는 것과 같다. 아무리 실전에서 급박하고 시간이 부족한 상황이 오더라도, 빠르고 정확하게 계산하는 훈련이 이미 되어 있다면 실수를 하고 싶어도 할 수가 없다. 그리고 그렇게 되었을 때만이 진짜 실력을 제대로 갖추었다고 할 수 있을 것이다.

탄탄한 계산 실력을 길렀다면, 그다음으로는 시험 순간에 몰입하는 집중력을 길러야 한다. 중학교 1~2학년 때까지는 나도 '이 시험을 망치면 어떡하나, 혹시나 문제를 풀다가 내가 모르는 문제가 나오면 어떡하나'와 같은 생각이 반복적으로 떠오르면서 시험 문제를 푸는 데 집중하지 못했다. 그 결과, 평소 비슷한 문제들로 충분히 연습해 왔고 시험 당일에는 풀이 과정도 여러 번 검토했음에도 실수로 틀린 문제가 나왔다.

이러한 과정을 통해 내가 비로소 깨달은 사실은 시험을 볼 때는 결과에 대한 걱정을 떠올리지 않고 순수하게 문제를 푸는 데만 집중할 수 있는 정신력을 길러야 한다는 것이었다. 아무리 열심히 준비하고 공부하더라도 시험이 어렵게 나오면 정답을 확신하기 힘들 수밖에 없다. 이럴 때 지녀야 할 마음가짐은 하나뿐이다.

'이 문제는 못 풀어서 틀리게 되더라도, 최소한 충분히 아는 문제인데 틀리는 실수만 하지 말자. 실수만 안 해도 나는 시험에서 좋은 결과를 얻고 합격할 수 있다.'

시험을 보는 순간에 내가 할 수 있는 최선은 그동안 준비해 온 공부와 쌓아온 능력으로 풀 수 있는 문제를 완벽하게 실수 없이 맞히는 것임을 명심하자. 그 순간, 시험 집중력은 상당히 높아진다.

집중력은 반복된 훈련과 연습으로 높일 수 있다. 집중력을 갖추는 데는 두 가지 요인이 필요하다. 첫째는 '절대 학습량'이다. 평소 학습량이 충분하다고 느껴질 만큼 공부에 충분한 시간을 들이고 몰입한다면 집중력은 자연스럽게 따라온다. 둘째는 '시험 시뮬레이션'이다. 시험 당일의 상황을 머릿속으로 떠올려 보면서 반복적으로 훈련한다면, 고등학교 시험 수준에서 필요한 집중력은 누구나 다 기를 수 있으며 이를 통해 실수를 최소화할 수 있다.

공부할 때 자꾸 딴생각이 난다면

보통은 앞서 언급한 훈련들을 통해 집중력을 높이고 실수를 줄인다. 하지만 사람마다 각자 공부 체력이나 뇌의 집중도가 다르다. 어떤 공부를 하느냐에 따라서 집중력에 차이가 나기도 한다. 그럴 경우에는 본인의 한계를 빨리 파악한 다음 집중력을 유지하며 공부하기 위한 요령을 찾아야 한다.

예를 들면 나의 경우 의대 공부를 할 때 어려운 의학 용어나 이해도 안 되는 내용을 무조건 암기해야 했다. 이해나 근거 위주로 공부했던 수학이나 과학 과목들과 달리, 이런 식의 공부는 15분만 해도 머리에 용량이 가득 찬 느낌이 들어서 금방 집중력을 잃고 딴짓을 하고 싶어졌다.

그럴 때는 집중하는 시간을 늘리려고 아무리 노력해 봐도 소용이 없었다. 그래서 15분 동안 공부에 집중하고, 쉬거나 노는 시간도 5분으로 짧게 두는 방법을 이용했다. 남들처럼 60분 집중하고 15~20분간 쉬는 방법을 사용할 수 없다면 이 방법을 활용해 보기를 권한다. 네 사이클이 지나면 나도 남들처럼 60분간 집중하고 20분 정도를 쉬는 것이나 다름없기 때문이다.

굳이 오래 집중하려고 노력할 필요가 없다는 것이 내 주장의 핵심이다. 중요한 건 집중해서 공부한 시간의 총량이지, 한 번도 쉬지 않고 오래 공부한 시간이 아니기 때문이다. 대신 15분간은 온전히 공부에만 몰입해야 한다. 보통의 경우 이렇게 '15분 공부, 5분 휴식' 방식으로 공부하다 보면 공부의 효율성이 올라간다.

또한 이런 훈련을 오래 반복하면 점차 30분, 45분, 60분 동안 쉬지 않고 집중하여 효과적으로 공부할 수 있다. 만약 이 글을 읽는 여러분도 공부할 때 집중하기 어렵거나 자꾸만 딴생각이 난다면 공부 시간과 쉬는 시간을 쪼개며 공부해 보자.

공부의 이유를 찾아야
성적이 오른다

세상에 무의미한 공부란 없다

공부라는 게 꼭 높은 성적을 내서 좋은 대학을 가고 유망한 직업을 갖기 위한 소수의 상위권 학생들만의 리그가 아니라는 점을 이야기해 주고 싶다. 물론 초중고 12년을 거친 뒤 원하는 대학교에 진학해 전공에 따라 전문 지식을 배우는 과정은 공부에 뜻이 있는 사람들이 가는 길이라고 할 수도 있다.

하지만 대학교에 진학하지 않더라도 그동안 학교를 다니며 배운 경험은 학생 한 명 한 명이 각자의 인생을 살아가는 데, 스스로를 책임질 어른이 되는 데 큰 양분이 된다. 그것만으로 공부해야 할 이유와 필요성은 충분하다. 성적이 나쁘더라도, 대학에 가지 않더라도, 공부와 관련 없어 보이는 직업을 택하더라도 말이다.

특히 고등학교는 의무교육 과정은 아니지만 사회 구성원으로서 갖춰야 할 기본 소양을 배우는 단계다. 개인적 사유로 자퇴를 했더라도 검정고시를 치러 고등 교육 과정을 이수하는 경우가 많은데, 그만큼 신체적, 정신적 성장기에 필요한 학습이기 때문이다.

운동선수나 연예인이 되기 위해 그 진로에 필요한 기술과 능력을 연마하는 데 시간을 쏟더라도 기본적인 수업은 이수하며 공부해야 한다는 점에는 변함이 없다. 오히려 요즘에는 재능을 키우는 것 이상으로 공부에도 힘을 쏟도록 하고 있다. 한 유명 기획사의 경우 연습생 기간 동안 일정 성적도 유지해야 한다고 강조하는 것을 보면 청소년기의 배움이 얼마나 중요한지 짐작할 수 있다.

그러니 여러분의 진로가 공부와 전혀 관련 없는 분야여서 공부라는 행위 자체가 인생에 아무런 도움도 되지 않고 시간만 허비한다는 생각이 든다면 그건 크나큰 착각이다. 공부를 열심히 하는 노력이나 그것에 들이는 시간은 알게 모르게 각자의 인생에 큰 의미를 가져다주며 실질적으로도 상당 부분 도움이 된다.

예를 들면 국어나 영어 같은 과목들은 앞으로 어떤 일을 하든 필수로 갖춰야 할 기본 지식과 의사소통 능력을 향상시킨다. 여러분이 창업을 하더라도 마케팅의 기본은 의사소통 능력에 있으니 언어 공부는 필수다.

수학은 어렵기만 하고 학교를 졸업하고 나면 써먹을 일도 없다고 생각하기 쉽지만 절대 그렇지 않다. 수학을 공부하며 길러지는 인내력이나 사고의 논리력, 그리고 성실성 등은 어떤 진로나 직업을 선택하더라도 그 사람의 기본적인 내면의 실력(나는 그것을 내공이라고 부르고 싶다)이 되어 큰 도움이 된다.

역사, 세계사, 미술 같은 과목들도 마찬가지다. 그 공부에 들인 시간과 노력이 절대 헛되지 않음을 인생을 살아가며 평생 깨닫게 된다. 우리 일상에 좀 더 활력을 불어넣어 줄 기본 소양을 길러주기 때문이다.

나 또한 학창 시절 동안 배운 음악, 미술, 세계사와 같은 과목들은 적성과 거리가 멀고 별로 흥미도 없으며 공부해 봤자 그다지 의미가 없다고 여겼다. 그런데 성인이 되어 여행지의 박물관에 가거나 다양한 사람과 만나면서 소통할 때 나도 모르게 떠오르는 음악, 미술, 역사적 지식들이 직간접적으로 많은 도움이 되었다. 심지어 치과의사이자 개업의로 일하면서 가끔 업무에 지칠 때 음악이나 미술 작품을 감상하는데, 그때마다 학장 시절 공부한 지식들이 감상에 큰 도움이 된다.

'1등을 하기 위해 공부했다고 생각했는데, 그때 공부한 게 20여넌이 지난 지금까지도 이렇게 나에게 늘 도움이 되는구나'라고 깨닫는 순간도 많다. 학교에서의 배움이 그 당시에는 좋은 성적이나 명문대학교 입학이라는 눈에 바로 보이는 성과로 나타나지 않을 수도 있다. 하지만 그렇더라도 배움은 여러분의 긴 인생에서 어떤 식으로든 알게 모르게 늘 도움이 된다.

이렇듯 우리는 공부하며 인생을 살아가는 방법 그 자체를 배운다. 앞에서 내가 공부하는 과정을 원하는 목적지에 가기 위한 길을 닦는 과정에 비유한 것은 이 때문이다. 원하는 목적지가 공부와 거리가 멀거나 전혀 다른 곳이어도 여러분이 초중고 12년간 공부에 들인 노력과 시간은 최종 목적지에 좀 더 빨리, 더 수월하게 도달하기 위한 고속도로의 역할을 해줄 것이다.

핑계를 찾지 말고 공부에 몰두하라

"공부로 돈을 벌 능력이 없어요. 공부 쪽의 진로를 선택할 생각도 없고요. 공부는 진짜 내 적성이 아니에요."

"제가 현재 원하고 행복하고 즐거운 것을 하고 싶어요. 공부는 잘하는 애들만 하면 되는 거죠. 어차피 열심히 하나 안 하나 우리는 깔아주기 위해 있는 걸요."

공부를 제대로 하지 않는 대부분의 학생이 이렇게 말한다. 하지만 내가 생각하기에 이는 핑계에 불과하다. 지금 당장 힘들고 어려운 공부를 안 하고 놀고 싶은데, 그렇게 말하면 스스로가 너무 나태하고 초라하게 보이기 때문에 둘러대는 것뿐이다. 대부분의 학생은 해야 할 공부를 하면서도 공부 외의 본인이 가고 싶은 진로에 대한 연습과 준비도 충분히 할 수 있다.

"저는 뷰티 아티스트가 되고 싶어요. 화장법이나 최신 트렌드 감각을 기르는 게 저한테 더 중요한 공부예요."

"저는 쇼 호스트가 꿈이에요. 그래서 학교 공부를 할 시간에 제품의 특징을 잘 살려서 말하는 연습을 더 하고 싶어요."

공부에 정성을 다하지 않는 학생 중 일부는 장래희망과 직접적인 관련이 있는 걸 배울 시간도 모자라서 공부에 투자할 시간이 없다고 말한다. 하지만 이 말은 반은 맞고 반은 틀리다. 그 분야에서 독보적일 만큼 노력해야 성공하는 것은 맞지만, 가용 가능한 시간에서 일부라도 쪼개서 학교 공부에 투자해야 한다. 그것은 여러분이 진정으로 바라는 분야나 앞으로의 긴 삶에 득이 되면 되었지, 실이 될 일은 절대 없을 것이다.

"공부해서 남 주냐"라는 익숙한 격언처럼 공부는 절대 그 결과물을 남에게 주지 않는다. 이 책을 읽는 여러분이 공부를 잘하든 못하든, 금수저든 아니든, 남자든 여자든, 대학 진학에 뜻이 있든 없든,

우선 공부에 몰두해라.

그렇다면 그렇게 공부한 유무형의 것들은 앞으로 길고 다양하게 펼쳐질 여러분의 인생에서 어떤 식으로든 무조건 도움이 될 것이다. 누구보다 오래 공부하고 가끔은 전혀 쓸데없는 분야까지 최선을 다하며 공부에 진심이었던 내가 나름 인생의 반을 지나간 마흔두 살에 내린 결론이자 공부 선배, 인생 선배로서 건네는 진심 어린 조언이다.

운으로는 가질 수 없는 삶의 가치

직접 만든 영상으로 큰돈을 버는 유튜버, 주식으로 단숨에 부자가 된 투자가 등 최근에는 마치 우연한 기회로 쉽게 성공하는 듯 보이는 사람들의 이야기가 들려오며 노력과 성공·돈은 별개라는 인식이 자리 잡고 있는 듯하다. 그런데 정말 그들의 성공이 적은 노력과 운으로 손쉽게 얻어진 것일까?

우선 100만 유튜버가 되려면 자신만의 정체성과 콘텐츠로 무장해야 한다. 타고난 화술로 처음부터 말을 재치 있게 잘했을 것 같은 유튜버도 사실은 피나는 노력 끝에 이뤄낸 결과물일 수 있다. 오랜 시간 공부하고 직간접적으로 쌓은 경험이 현재를 만들었을 것이다.

말하자면 그들은 여러분이 그냥 지나친 사소한 대상조차 유심히 살펴보고 연구하며 자신만의 기발한 창작물을 내놓는 것이다.

국가대표로 선발되어 활약하거나 높은 이적료를 받는 운동선수는 또 어떤가. 우스갯소리로 전교에서 공부로 1등을 하면 서울대를 가지만 운동으로는 1등을 해도 인서울이 힘들다는 말이 있다. 그만큼 운동선수로서 대중에게 인정받고 성공하기란 쉽지 않다.

우리는 모든 일에 가성비와 효율을 따지는 데 몰두한 나머지 우직하고 성실하게 일하는 직장인의 삶이나 하루하루 열심히 공부해서 대학을 준비하는 사람들의 삶을 인생에 소극적인 모습으로 여기며 성실의 가치를 평가절하 하는 실수를 저지르곤 한다. 인생에서 효율과 가성비만을 외치고 그것만을 좇다가는 잘되어 봐야 80점짜리 인생밖에 살 수 없다. 100점짜리 인생을 살기 위해서는 당장은 무의미해 보이는 인고의 시간을 성실성이라는 무기로 버텨내야 함을, 그리고 그러한 인생의 시작은 바로 학창 시절의 공부임을 이 책을 읽는 여러분이 알았으면 한다.

SNS나 주변을 살펴보면 인생의 궤도를 차근차근 밟지 않고 바로 뛰거나 날아가는 것처럼 보이는 사람들의 이야기를 접하게 되기도 한다. 그런데 여러분이 알아야 할 것이 있다. 태어나자마자 걷거나 뛰는 말과 같은 동물도 있지만 인간은 기는 법부터 시작해서 걷고

뛰게 되며, 옹알이부터 시작해서 말을 하고 지혜를 배운다. 그래서 결국 말을 길들이고 그 말을 타고 다니는 존재로 성장한다.

이처럼 모든 일에는 순서와 절차가 있다. 오히려 길고 험한 길을 묵묵히 가는 것이 지름길로 가는 것보다 더 좋은 결과를 가져다주는 경우가 많다. 3개 학과를 다니면서 다양한 배경과 분야에서 수많은 사람을 만나 직간접적으로 대화도 나누고 그들이 성장하는 모습을 지켜보면서 나는 이 진리를 더 확신할 수 있었다.

언뜻 보기에 쉽게 이루어지고 운이 작용한 것처럼 보이는 성공들도, 그들의 인생을 짧게는 10년 길게는 30년 동안 곁에서 지켜보니 쉬이 얻은 업적이 절대 아니었다. 공부든 일이든 한발 한발 우직하게 최선을 다하고 꾸준히 성실했던 사람들이 운이라는 이름의 기회를 만나서 그 빛을 발하는 경우가 대부분이었다. '노력하는 사람이 모두 다 성공하는 것은 아니지만 성공한 사람은 모두 노력했다'라는 말처럼 말이다.

따라서 어떤 단기간의 준비와 결정으로 인생의 방향이나 흐름을 한꺼번에 바꾸거나 일확천금을 얻고자 하는 자세는 버리는 것이 좋다. 운이 정말 너무 좋아서 주식이나 코인 등으로 큰돈을 벌었다고 해도 그 인생이 진정으로 행복해지는 경우는 단연코 절대 없을 것이기 때문이다.

시간과 노력을 들여 최선을 다하는 태도는 반드시 여러분에게 많은 가르침을 줄 것이다. 그건 단기간의 노력이나 운으로 성공한 소수는 절대 가지지 못하는, 소중한 인생을 든든히 지탱해 줄 가르침이자 자산이다.

행복으로 가는 고되지만 값진 여정

"수학의 지름길이 있나요?"

"가장 가성비 좋은 진로나 직업이 무엇인가요?"

"어떻게 해야 빨리 앞서갈 수 있을까요?"

유튜브 채널에서 구독자에게 자주 듣는 질문들이다. 이에 대한 내 대답은 한결같다.

"지름길은 딱히 없습니다. 가장 가성비가 떨어지고 효율적이지 않아 보이는 길, 기본적이고 단계에 충실한 길고 험난한 길이 어떻게 보면 가장 빠른 지름길인 것 같습니다."

수학에 있어서도 인생에 있어서도 어쩌면 이것이 정답일지 모른다. 원하는 대학에 가서 원하는 공부를 하거나 원하는 직업을 가지고 보내는 1년보다 원하는 대학이나 직업을 얻기 위해 불확실한 하루하루를 이겨내며 모든 노력을 쏟는 1년이 그 사람의 긴 인생에서 더 큰 도움과 깨달음 그리고 교훈을 가져다줄 수도 있음을 꼭 명심하길 바란다.

어떤 유망한 직업을 가지거나 큰돈 혹은 업적, 명예를 얻는 것이 삶의 궁극적 목표가 될 것 같겠지만 사실 이것들은 개개인의 행복한 삶을 위한 도구에 불과하다. 그리고 이러한 것들을 달성하고 난 후에는 아마 알게 될 것이다. 어떤 결과를 달성한 이후보다 그 결과를 달성하기 위한 과정에서 더 많은 행복과 깨달음을 느끼고 얻는다는 사실을 말이다.

인생의 궁극적인 목표가 행복이라면 굳이 결과나 효율에만 집착할 필요가 없다는 것, 그리고 길고 지루하고 험하게만 느껴지는 과정에서도 충분히 행복을 느낄 수 있다는 것, 심지어 그 속에 더 큰 행복이 존재한다는 것을 이 책을 읽는 여러분이 깨닫기 바란다. 행복은 종착지가 아니라 과정이다.

당신의 목표는 대학이 아니다

스스로의 행복을 최우선 순위로 삼자

많은 수험생이 명문대 진학을 목표로 공부한다. 그리고 명문대에 합격하기만 하면 탄탄대로가 펼쳐지리라 생각한다. 그런데 정말 명문대만 합격하면 앞으로의 인생이 순탄할까?

나 또한 대한민국 최고의 명문대라 손꼽히는 서울대에 붙고 1학년을 다닐 때까지는 앞으로의 인생이 무난하게 펼쳐질 거라고 진심으로 믿었다. 하지만 살아보니 웬걸, 전혀 아니었다. 더군다나 내가 대학에 입학한 지 무려 20년이 지난 요즘은 설령 우리나라 상위

0.1%로 손꼽히는 서울대 의대를 나왔다 할지라도 그 사람에게 무난한 인생을 보장하는 시대가 아니다.

우리나라의 경제 성장 단계는 성장기에서 정체기로 접어들었다. 서울대를 비롯한 명문대에 진학해서 안정적인 직장이나 직업을 가졌더라도 과거 1960~1990년대처럼 평생직장을 제공하거나 안정적인 소득을 보장하는 시기는 이미 지나가 버렸다.

요즘 MZ 세대들의 생각도 예전과는 다르다. 직장은 내가 희생해야 하는 곳이 아니라 월급을 받기 위한 수단 및 자아실현의 장일 뿐이다. 직업 역시 평생 하나만 가지고 사는 게 아닌, 한 번에 여러 개의 직업도 가질 수 있는 세상이 되었다.

나 역시 서울대 공대 전기공학부에서 서울대 의과대학으로, 또 서울대 치의학 전문대학원으로 두 번씩이나 전공의 큰 줄기를 바꾸었다. 하지만 전공을 바꾼 이유가 이전에 택한 전공이 불안정하거나 소득이 별로여서는 절대 아니었다.

아니 오히려, 객관적으로 보아서는 공대가 나의 적성에 더 맞았다. 안정이나 수익의 측면에서는 의대를 졸업하고 인턴 레지던트 과정을 밟는 게 더 나았을 수 있다. 그럼에도 돈과 시간이라는 어마어마한 기회비용을 들이면서까지 전공을 두 번이나 바꾼 이유는 오로지 하나, 행복하기 위해서였다.

적성에 맞고 남들보다 잘할 수 있는 공학 분야지만 대학원에 가서 석박사를 따면 과연 행복할지 고민했다. 그래서 당시 군대와 진로 문제를 동시에 해결하고, 내가 행복할 것 같았던 의대로 진로를 바꿨다. 그런데 의대를 다닌 뒤 의사가 되어 정확히 어떤 직업인지를 확실히 알게 되면서 다시 고민에 빠졌다. 대학병원에서 환자들의 생명을 책임지고 밤낮없이 일하는 삶에서 보람은 느낄 수 있겠지만 행복과는 거리가 멀게 느껴졌다. 오히려 매일 일정한 시간에 맞춰 환자를 진료하는 게 내게는 더 행복감을 느낄 수 있는 일이라는 생각이 들어 결국 치과의사로서의 길을 택했다.

누군가는 이러한 선택을 나만의 기준에 빠져서 내린 경솔한 행동이라고 비난했다. 또 누구는 그 정도의 참을성과 인내심도 없이 어떻게 인생을 살고 진짜 어른이 되겠냐며 비판하기도 했다. 하지만 난 20대와 30대에 내린 선택이 잘못되거나 틀렸다고는 단 한 번도 생각하지 않았다. 아니 오히려 내가 걸어가지 못한 길을 가고 있는 과학고나 대학교 동기들을 볼 때마다 그 선택이 틀리지 않았음을 절실히 느끼고 있다.

그들의 사는 모습이 잘못되었다거나 나보다 별로라는 의미는 절대 아니다. 사회의 객관적인 잣대로는 나보다 그들의 삶이 훨씬 더 성공한 것처럼 보이기도 한다. 그렇지만 이 세상에서 나를 누구보다 잘 아는 건 나 자신이기 때문에 내가 제일 행복하고 정신적으로 자유로울 수 있는 길이 무엇인지 확실히 깨달았다. 내가 공학박사나 대학병원 의사의 길을 선택했다면 지금처럼 삶의 하루하루를 만족스럽고 행복해하지 않았을 것임을 절실히 느낀다.

진짜 인생은 대학 진학 이후부터 시작된다

내가 이런 얘기를 길게 주저리주저리 떠드는 것은 이 책을 읽는 여러분에게 스무 살에 어떤 대학교의 어떤 전공에 진학한다고 해서, 절대 그것만으로 여러분의 인생이 결정되거나 술술 풀리지 않을 것임을 알려주고 싶어서다. 설령 그 대학과 전공이 초중고 시절 간절히 바라고 꿈꿨던 전공이더라도 말이다.

여러분은 아직 너무나 어리고 삶의 경험도 많지 않기에, 스스로 정말 원하고 행복해지는 길을 아직 정확히 모를 수 있다. 내 자신이 어떤 사람이고 어떨 때 진정으로 자유롭고 행복한지를 아는 것, 이것은 인생에서 제일 중요한 과제이지만 절대 쉽게 알 수는 없다.

물론 그럼에도 어떤 소수의 사람들은 일찍 자신의 재능에 대해 정확하게 인지하고, 자신이 행복해지는 인생에 대해 충분히 알 수도 있다. 그리고 다행스럽게도 처음 정한 진로나 대학이 평생 자신에게 만족할 만한 인생을 가져다줄 수도 있을 것이다. 내 과학고 친구 중에도 고1 때부터 입버릇처럼 '물리학과에 가서 교수가 되고 싶다. 정확히는 카이스트 물리학과에 가서 물리학과 교수가 되면 너무 행복하겠다'라고 말하던 친구가 있었다. 그는 동기 중에서도 가장 빠르게 물리학과를 졸업하고 모교인 카이스트에서 가장 빨리 물리학과 교수가 되었으며, 지금도 열심히 연구하며 물리학자로서의 행복한 삶을 살고 있다.

나를 비롯한 대부분의 과학고 동기와 선후배들도 고등학교 3학년 당시에는 각자 본인의 적성과 미래의 삶을 봤을 때 가장 맞는다고 생각하는 전공을 선택하여 대부분 서울대나 카이스트, 포항공대 등 좋은 대학교에 진학했다. 하지만 20년 후 실제로 그때 선택한 전공을 살려 관련 직업에서 종사하는 사람은 많이 잡아도 3분의 1 정도밖에 되지 않는다.

나를 포함해서 그들 모두 대학교와 전공을 깊이 생각하는 일 없이 선택하지는 않았을 것이다. 아니, 오히려 초중고 시절 누구보다도 열심히 공부하고 본인이 좋아하는 과목에 대해 진지했기에 신중하게 고민했을 것이 자명하다.

하지만 그럼에도 그들 중 3분의 2는 결국 더 나은 삶을 살기 위해 뒤늦게 20대 중후반의 나이에, 심지어는 나처럼 30대에 전공과 직업을 바꾸었다.

이 책을 읽는 10대 후반에서 20대 초중반의 여러분에게 말해주고 싶다. 여러분이 지금 인생에서 가장 중요하게, 심지어 전부라고도 생각할 수 있는 대학교는 사실 여러분의 인생에 그렇게 절대적이지 않다고 말이다. 오히려 진짜 인생은 대학교에 진학한 이후부터 시작된다.

물론 초중고 교육 과정의 결실이자 마무리라 할 수 있는 대학교 진학은 그때까지 공부에 열과 성을 다했던 학생들에게는 가장 중요한 사건이자 선택이다. 하지만 단순히 대학에 진학한 것만으로 여러분의 인생이 상당 부분 결정되거나 끝나는 것이 아님을 알아야 한다. 이제 막 여러분의 인생에서 중요한 계단 하나를 올랐을 뿐이고, 유감스럽게도 앞으로 여러분이 올라가야 하는 계단은 아직 무수히 많다.

첫 계단을 올바른 방향으로 잘 오른 친구들은 또래의 다른 친구들보다 인생의 경로가 상당히 쉬워지고 단단해질 수는 있다. 하지만 이제 시작일 뿐이니 대학교에 들어오고 나서의 인생에 대해 쉽게 생각하거나 상대적으로 긴장을 늦춰서는 안 된다. 그리고 이들과 달리 정확한 인생의 궤도를 아직 찾지 못했더라도, 매 순간에 최선을 다하고 꾸준히 자신의 행복과 진로를 고민하다 보면 여러분에게도 그런 순간이 찾아올 것이니 이런 친구들을 마냥 부러워할 필요는 없다.

마음속에 다른 꿈을 품고 있다면

어느 학교 어느 학과를 갈까 고민 중인 고등학생과 재수생들에게 나는 이렇게 조언하고 싶다.

"진로를 신중히 고민하되 그 전공을 평생 의무적으로 걸어갈 필요는 없다."

육체적으로는 10대 때 대부분의 성장을 이루겠지만 정신적으로는 20대 내내 성장해야 한다. 새로운 경험을 쌓아가고 더 다양한 인간관계를 맺으면서 '10대의 나'는 모르던 진정한 내 모습을 발견할 수 있다. 심지어 과거에는 옳다고 생각했던 것이 20대가 지나면서는 옳지 않다는 생각이 들 수도 있다. 그렇게 변하는 생각 중 하나가 적성이나 진로에 대한 것일 수도 있다.

따라서 대학 전공을 선택할 때는 신중하되, 나중에도 얼마든지 전공을 바꾸거나 다른 대학에 입학하는 재도전의 기회가 충분히 많다는 점을 기억하자. 대학교에 다니다가 다시 수능을 볼 수도 있고, 전과나 복수전공을 할 수도 있으며, 대학교를 졸업한 후 편입하거나 대학원을 다른 전공으로 갈 수도 있는 기회가 여러분의 인생에 무수히 많이 있다.

그동안 들인 시간과 비용 때문에 울며 겨자 먹기로 처음에 택한 진로를 계속 공부하고 취직도 했다가 뒤늦게 30대가 지나고 나서야 후회하는 동기나 선후배가 많다. 그리고 더 큰 용기와 기회비용을 들여 30대가 한참 지나고 나서야 본인이 진짜 원하고 바랐던 진로를 선택하고 걸어가는 경우도 여럿 보았다. 어쩌면 나도 그중 하나일 것이고 말이다.

성적에 맞춰 어쩔 수 없이 원치 않는 전공 공부를 하거나, 20대 초중반이 되어 전공을 바꾸고 싶지만 다른 현실적인 장벽 때문에 새로운 분야에 도전하기를 주저하는 분들에게 당부하고 싶다. '이게 아닌데…….' 하며 꾸역꾸역 시간을 들이는 것만큼 더 큰 기회비용은 없다. 그리고 그러한 기회비용 중 가장 중요한 '시간'은 훗날 여러분이 아무리 큰 희생을 치르더라도, 아무리 큰돈을 내더라도 절대 다시 돌아오지 않는다. 돈보다 더 중요한 가치는 시간이다. 시간은 반드시 한 방향으로만 흐른다.

그렇기 때문에 자신의 선택에 대한 확신만 있다면 어떤 장애물이나 주위의 시선이 있더라도 정말 원하는 길을 향해 망설임 없이 여러분만의 페이스로 걸어가기를 바란다.

'이미 나이도 많이 먹어서 도전이 두렵고 마음에 걸리는 것도 많아요. 그럼에도 새롭게 시작해 봐도 될까요?'

내 유튜브 채널에 자주 달리는 댓글 내용 중 하나이다. 이러한 고민에 내가 항상 답변하는 글로 이 꼭지를 마칠까 한다.

"저는 30년간 원치 않은 직업을 가지고 배부르게 살아가는 것보다 단 3년이라도 정말 원하는 직업을 가지고 배고프게 사는 게, 더 행복한 선택이라고 생각합니다. 그건 여러분도 마찬가지 아닐까요? 그러니까 여러분의 나이가 몇 살이든, 여러분과 여러분 집안의 경제적 상황이 어떠하든, 여러분의 주위 환경이 어떻든, 지금 당장 도전하십시오. 절대 돌아오지 않을 여러분의 시간은 지금도 계속 흐르고 있습니다."

공부는 포기하지 않는 게 이기는 것이다

넘을 수 없는 벽이 나를 성장하게 만든다

"제가 벌써 20대 중반인데 의대(치대)를 가서 현역 학생들을 따라갈 수 있을까요?"

나는 이 질문에 늘 다음과 같이 답한다.

"제가 직접 경험해 보니 충분히 따라갈 수 있는 것은 물론, 더 높이 뛰어넘을 수도 있습니다."

스물셋에 다시 수능 공부를 시작해 의대에 합격하고, 또 서른둘의 나이에 치대에 입학해 공부해 봤기에 건넬 수 있는 확답이다.

많은 수험생이 경쟁자를 따라잡으려 애쓰느라 공부에 쏟아야 할 정신적 에너지를 빼앗긴다. 내가 많은 시간과 노력을 들여도 도저히 못 풀고 끙끙대는 문제를 어떤 이는 아무렇지 않게 풀어내는 모습을 보면서 '쟤는 나랑 시작점이 달라', '내가 아무리 노력해도 어차피 쟤는 못 따라잡아'라며 합리화하고 쉽게 포기해 버린다. 이기는 것을 공부의 의미이자 목표로 여기고, 만약 이기지 못하면 그동안의 노력이 가치 없다고 생각하니 허탈함과 상실감으로 공부 동력을 잃고 만다.

인생을 살면서 적어도 한두 번은 예외 없이, 아니 어쩌면 여러 번 도저히 이길 수 없을 것 같은 벽을 만나게 된다. 그것은 내가 경험했던 '수학' 같은 어떤 특정 분야에 대한 벽일 수도 있고, 또 요새 유행하는 단어인 '금수저'처럼 타고난 집안 배경에서 느껴지는 벽일 수도 있다. 아니면 내가 가지고 태어난 성별이나 인종에서 오는 벽일지도 모른다.

나 역시도 중학교 시절에는 도저히 넘을 수 없는 벽이 있다고 느꼈던 순간이 있다. 그 벽을 매번 끊임없는 노력으로 뛰어넘으면서 노력하길 잘했다는 생각도 하고 나름 자부심도 생겼다. 그런데 과학고에 입학해 처음으로 진짜 천재라 불리던 아이들을 만나면서는 '죽었다 다시 태어나도, 내가 아무리 미친 듯이 노력해도 이길 수 없을 것 같은' 벽이 뭔지 제대로 깨달았다. 나처럼 그러한 벽을 느끼고 좌절한 친구 중에서는 힘든 여정을 거쳐 과학고에 합격하고도 짧게는 1학기, 길게는 1년 뒤에 일반고로 전학을 간 이도 있었다.

한동안은 나도 방황했다. 태어나서 처음으로 그런 절망감을 가슴 깊이 느꼈기 때문에 자괴감에 빠지기도 했고, 신을 원망하기도 했다. 하지만 그런 나를 구원해 주고 다시 일어나게 했던 건 오히려 그런 벽을 느끼게 한 친구들이었다. 그들과 함께 공부하며 다짐한 마음가짐이 나를 성장하게 하는 계기가 되었다.

'내가 죽을힘을 다해 노력해서 그들의 발끝에라도 갈 수 있는지만 한번 확인해 보자.'

'지금 아니면 내가 언제 또 이렇게 천재들과 수학이나 물리 문제에 관해 함께 토론해 볼 수 있겠어?'

'한번 해보되 안 되면 어쩔 수 없지, 뭐. 그래도 노력으로 어디까지 올라갈 수 있는지 시도는 해보자.'

이런 다짐이 나를 계속 앞으로 가게 만들었다. 그리고 이전에는 좌절감을 줬던 그 천재들이 어느샌가 오히려 내게 성장과 경험의 기회가 되어주었다. 물론 이렇게 노력해서 내가 그들을 따라잡고 천재의 경지에 올랐다면 정말 영화 같은 해피 엔딩이겠지만, 그렇게 사력을 다해 노력해 봐도 그들을 따라잡을 수는 없었다. 그러나 천재들과 공부하면서 나는 적어도 그들 세계의 바로 밑까지는 가닿을 수 있었다.

이러한 경험이 아마 어디에서도 볼 수 없을 수학 천재들을 만나지 않았다면 불가능한 일이란 사실을 깨닫게 된 순간, 서울과학고라는 공간과 그 안에서 만난 인연들이 너무나 소중하고 고맙게 느껴졌다.

포기하면 그 순간이 시합 종료다

'Winner takes it all'이라는 말이 있다. 승자가 모든 걸 가져간다는 뜻이다. 사람들은 금메달과 우승만 기억하고 은메달이나 동메달, 준우승자는 기억하지 않는다. 이 말은 스포츠라는 종목에서는 어느 정도 사실일지도 모른다. 하지만 스포츠 외의 다른 분야, 특히 이 글을 읽는 여러분과 내가 가장 관심을 두는 공부라는 분야에서는 이 말은 완벽하게 틀렸다.

물론 수능 만점자나 전국 1등은 2~3등보다는 더 많은 것을 얻고 주목도 받을 수 있을 것이다. 하지만 인생을 길게 봤을 때, 수능 1등과 50등의 삶이 서로 엄청나게 다른 길로 흘러갈까? 서울대 의대를 수석으로 졸업한 학생과 중간 석차로 졸업한 학생 사이에 장래 직업의 안정성, 소득, 명예 등의 면에서 인생을 바꿀 만한 유의미한 차이가 과연 있을까? 그렇지 않다. 1등이나 수석이 스스로 좀 더 자부심을 느끼며 살아갈 수는 있을지라도, 사회의 소득이나 평판 등은 크게 차이가 없을 것이다.

그렇기 때문에 어떠한 학문적인 벽이나 인생의 벽에 부딪힐 때 여러분이 해야 하는 선택은 '역시 나는 타고난 재능이 없어서 안 돼', '금수저가 아니라서 안 돼'라는 자기 합리적이고 위안적인 포기가 아니다. '그 벽에 부딪혀서 마침내 굴복하더라도 내가 할 수 있는 데까지는 뭐든 해보자'라는 태도가 결국은 여러분에게 훨씬 더 밝은 미래를 가져온다.

내가 자라던 시절에도 알게 모르게 금수저나 n포 세대를 의미하는 말들은 있었다. 그렇지만 요즘처럼 특정 단어로 굳어져 한창 꿈과 희망을 품으며 미래를 대비해야 하는 어린 세대들이 자조적으로 자신들의 남은 인생을 규정짓고, 이미 벽에 부딪힌 것처럼 포기하는 시대는 아니었다.

금수저, 흙수저, n포 세대라는 단어를 자조적으로 사용하면서 씁쓸하게 미소 짓고, 심지어 스스로를 희화화하는 젊은 세대들의 심정도 조금은 이해가 된다. 내가 냉정하게 생각해 봐도 확실히 과거에 비해 좋은 대학이나 전공, 직업을 가지기 위한 경쟁은 치열해졌지만 그와 반대로 그러한 경쟁에서 이기고 나서 얻는 보상은 더 작아졌다.

그래서 젊은 세대들이 이러한 현실을 도저히 넘을 수 없는 벽이라고 인식하는 것도 어떻게 보면 당연하다고 생각된다. 하지만 그 벽을 넘어야만 꼭 의미가 있는 것이 아님을 강조하고 싶다.

내가 과학고 시절, 수학 천재라는 도저히 넘을 수 없는 벽을 만났지만 수학을 포기하지 않고 계속해서 그 벽에 부딪히며 나만의 성과를 이뤄낸 것처럼 여러분도 그렇게 할 수 있다. 여러분 앞의 그 벽을 뛰어넘지는 못하더라도 벽에 부딪히고 어떻게든 벽을 깨고 넘으려는 노력 그 자체만으로도 여러분은 분명히 많은 성과를 얻게 될 것이기 때문이다.

금수저로 태어나지 않아서, 금수저가 되지 못했다고 해서 흙수저를 동수저로 바꿀 기회마저 빼앗기면 안 된다. 어떻게든 금수저라는 벽에 부딪히고 노력해서 스스로를 동수저로 만들 수 있다면, 그 노력은 절대 헛된 것이 아니다. 실제로 그게 돈이든, 명예든, 여러분의 노력이 후회되거나 아깝지 않을 만큼의 보상으로 되돌아올 것이라고 믿는다.

이 세상이 아무리 가성비가 나오지 않는 냉혹한 시대일지라도 그 정도의 자비로움은 있음을 말하고 싶다. 포기하면 여러분의 인생은 원하든 원하지 않든, 그 순간부터 바로 죽은 것이나 다름없다. 몇십 년 동안 아무런 의미 없는 인생을 살기 싫다면, 스스로 더 높이 도전하고 나아가라.

인생에서 정말 중요하고 가장 큰 보상을 가져다주는 건 여러분이 들인 노력의 결과가 아니라, 노력하는 과정 그 자체임을 알아야 한다. 유명한 만화인 『슬램덩크』의 명대사처럼 "포기하면 그 순간이 시합 종료"임을 잊지 말자. 내일 당장 죽을 것이 아니라면, 하루하루를 알차게 살아가고 싶다면, 뛰어넘지 못할 벽이라도 부딪혀 보고 뛰어넘으려고 발버둥이라도 쳐보자.

결국 실패해 본 사람이
승리한다

농구를 몰라도 누구나 다 알고 있는 농구 황제 마이클 조던은 본인의 인생을 다룬 다큐멘터리에서 이렇게 얘기한 적이 있다.

"난 실패를 받아들일 수 있다. 그리고 그것이 바로 내 자신감의 원천이다. 나는 지금까지 9000번도 넘게 슛을 성공시키지 못했다. 300번도 넘게 져봤다. 사람들이 나를 믿어주었을 때 나는 승부를 가르는 마지막 슛을 26번이나 실패했다. 나는 계속 실패하고, 실패하고, 또 실패했다. 그것이 바로 내가 성공한 이유다."

시도조차 하지 않는 것은 절대 받아들일 수 없으며 도전과 실패만이 성공의 열쇠라는 명언도 남긴 그는 도전에 관해서 다음과 같이 말하기도 했다.

"장애물을 만났다고 반드시 멈춰야 하는 것은 아니다. 벽에 부딪힌다면 포기하고 돌아서지 말라. 어떻게 벽에 오를지, 벽을 뚫고 나갈 수는 있을지, 또는 돌아갈 방법은 없는지 생각하라."

나는 이 말이 농구뿐 아니라 세상 모든 일에 적용된다고 생각한다. 유튜브로 많은 질문을 받으며 느낀 것은 요즘의 젊은 세대들이 유독 실패를 두려워한다는 점이다. 아무래도 내 유튜브 채널은 공부나 진로 관련 내용을 많이 다루고 있기 때문에 중고등학생들이나 뒤늦게 진로 고민을 시작한 사람들, 혹은 진로를 바꾸기 위해서 공부 중인 성인들이 주로 댓글을 남긴다. 그리고 그들 중 대다수가 실패에 대한 두려움을 호소한다.

"나이가 많아요. 다시 시험에 도전하면 몇 년 안에 붙을 수 있을까요? 이제 진로를 바꿔서 성공할 수 있을까요?"

"이러다 군대는 제때 갈 수 있을지, 결혼은 할 수 있을는지 모르겠어요. 남들보다 1~2년이 뒤처지면 제 인생이 후퇴하는 건 아닐까요?"

"만약 실패하면 부모님 얼굴을 어떻게 봐요. 친구들은 또 어떻고요. 패배자로 낙인찍힐 거예요."

하지만 그런 사람들일수록 사실 정말 두려워해야 되는 것은 고작 몇 년 뒤처지거나 섣부른 모험으로 20대의 아까운 시간을 허비할 수도 있다는 현실이 아니다. 한 번뿐인 내 인생을 내가 원하는 대로 살지 못할 수도 있음을 두려워해야 한다. 그들에게 내가 댓글로 전한 답을 지금도 진로 고민이나 인생 고민으로 헤매고 있을 여러분에게도 드려본다.

"실패를 절대 두려워하지 마세요. 지금 진로를 바꾸기 위해 다니던 학교나 회사를 그만두고 짧게는 1년, 길게는 2~3년의 시간을 원하는 진로를 위해 써도 괜찮습니다. 설령 그 시간의 결과가 실패로 끝날지라도 그 노력이 절대 헛수고가 되는 것은 아니에요."

지금 하는 노력은 반드시 흔적을 남긴다

혹자는 그렇다고 해서 실패할지도 모르거나 어쩌면 실패할 가능성이 높은 일에 '상대적으로' 늦은 나이에 도전했다가 실패하면, 그때까지 소비한 소중한 시간과 비용은 어떻게 되돌릴 수 있는지 의문이 들 수도 있다. 물론 실패를 두려워하지 않고 도전한다고 해서 무조건 성공적인 결과가 보장되는 것은 아니다. 전심전력을 다해서 노력했어도 넘을 수 없는 벽 때문에, 또는 어쩌면 운이 나빴기 때문에 결과적으로 실패할 수도 있다. 그렇다고 해서 대부분의 사람이 걱정하는 것처럼 그것이 정말 인생의 큰 손해이자 실패로 연결되는 것일까? 나는 단호히 아니라고 말하고 싶다.

그 몇 년간의 경험은 인생에서 절대 감점요소로 작용하지 않는다는 것을 실패에 대한 두려움 때문에 도전을 망설이고 있는 여러분에게 말해주고 싶다. 당장은 그동안 괜히 무모하게 도전한 시간이 무의미하고 고통과 손해만 남았다고 느낄 수 있다. 나도 그런 기분을 느낀 적이 있으니 충분히 공감한다.

하지만 시간이 지나 돌이켜 보면 비록 결과 자체는 실패였을지라도, 혼신의 힘을 다해 노력했던 그때의 시간이 알게 모르게 인생에 자양분이 되어 긍정적인 역할을 했다는 점을 알게 될 것이다.

여러분이 진정으로 원하고 목표하는 것이 있다면 여러분의 나이가 몇 살이든, 여러분이 처한 여러 경제·사회적 환경이 어떠하든 과감하게 도전해 보라고 얘기하고 싶다. 노력의 가치는 절대 'pass or fail'로 결정되지 않는다. 노력의 가치는 마치 계단과 같다. 비록 실패로 끝나더라도 여러분은 '도전하기 전 과거의 출발점'에 그대로 있는 것이 아니다. 여러분도 모르는 사이에 이미 꽤 많은 계단을 걸어 올라와 있음을 깨닫게 되는 순간이 온다. 아직은 여기서 몇 걸음이 부족해 좋은 결과라는 문을 열어젖히지 못했을 뿐이다.

이제 몇 계단만 올라가면 문을 열 수 있게 된다. 그러면 또 다른 인생의 멋진 경로가 여러분의 앞에 기다리고 있을 것이다. 인생에 있어 헛된 노력이란 없다. 설령 그 몇 계단을 올라서서 연 문이 여러분이 애초에 기대하고 목표한 문이 아니더라도, 값진 깨달음과 결과를 앞으로의 인생에 남겨줄 것이다.

미리 하는 걱정은 핑곗거리에 불과하다

도전을 망설이는 여러분이 지금 하는 여러 걱정들은 사실 반쯤은 일어나지 않을 일이고, 반쯤은 여러분이 도전에 성공하고 나서야 비로소 의미가 있을 걱정들이다.

"의대에 다시 진학하고 싶은데, 너무 늦은 나이에 의대에 들어가서 동기들과 잘 지낼 수 있을까요? 등록금이 너무 부담되지 않을까요? 늦은 나이에 의사가 되면, 나중에 페이 닥터로 취업하거나 개업할 때 지장이 있지 않을까요?"

이런 질문들을 받을 때마다 내게 드는 생각은 단 한 가지다.

'이런 생각은 열심히 공부하고 도전해서 의대에 합격하고 난 후에 해도 늦지 않을 텐데……'

가끔은 이런 걱정을 하는 것 자체가 도전을 포기하고 싶은 이유를 찾으려는 게 아닐지 하는 의문도 든다. 의대를 가고는 싶지만 그

184

걸 이루기 위해 해야 되는 공부나 노력을 감당하기 벅차니, 포기하기 위해 만들어낸 미래의 의미 없는 걱정이 아닐까 싶다.

인생에 있어서 가장 최악의 후회는 '그때 왜 실패했을까. 그때 왜 내 능력이 부족했을까. 내가 왜 금수저로 태어나지 못했을까'와 같은 것이 아니다. '그때 내가 왜 지레 겁을 먹고, 용기를 내지 못하고 포기해서 시도조차 하지 못했을까'이다.

이런 후회가 먼 훗날, 인생의 대부분을 보내고 나서 할 수 있는 가장 뼈아픈 후회일 것이라고 난 진심으로 생각한다. 그러니 실패할 가능성이 99%여도 절대 실패가 두려워서 도전조차 하지 못하는 잘못은 범하지 않기를 바란다. 실패할 가능성이 99%라는 건 성공할 확률은 0%가 아니라는 뜻이니 말이다.

서울대 3관왕의
수능 비법

SPECIAL
PART

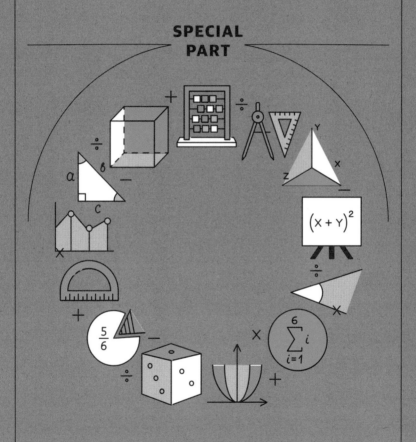

1

반드시 등급이 오르는
수능 영역별 공부법

국어 영역

그동안 국어 공부가 어려웠던 이유

국어 영역은 어렸을 때부터 책을 많이 읽은 학생들이 유리한 게 사실이다. 과학고 동기 중에서도 늘 국어 영역에서 안정적으로 좋은 점수를 올리는 동기들은 어렸을 때부터 독서를 많이 하며 문과적 소양을 쌓은 이들이었다.

아주 어릴 때는 그림책이나 동화책을 읽으며 이야기에 푹 빠졌던 아이도 대개 학년이 높아질수록 책에서 멀어진다. 이유는 다양하다. '만화책이 더 재미있어서, 줄글로 된 두꺼운 책은 한 호흡에 읽기 어려워서, 내용을 이해하기가 너무 어려워서' 등. 그러다 보니 서서히 문해력도 떨어지고 글을 읽어도 내용을 제대로 파악하기 어려워진다.

여기에 한 가지 난관이 더 있다. 한국사나 수학, 과학탐구 영역은 정답이 딱 떨어지는 반면, 국어 영역은 이것도 맞는 말 같고 저것도 그럴싸하다. 때로는 확신에 차서 고른 정답이 틀릴 경우도 있다.

나 역시도 수능에서 마지막의 마지막까지 제일 힘들었던 것이 국어 영역이었다. 국어 공부 시간이 부족하거나 준비를 덜 해서가 아니었다. 분명 논리적이고 합리적인 사고에 따르면, 5가지 선택지 중 2가지 선택지가 답이 될 가능성이 비슷하게 높다. 나의 판단으로는 정답이 둘이 된다. 하지만 문제를 풀고 난 뒤 정답지를 보면 그중 하나만 정답이다. 해설을 보면 '출제자의 의도에 따라 n번이 정답'이라고 적혀 있다. 이러한 설명을 볼 때마다 이해하기 어렵고 공감도 되지 않아서 받아들이기 어려웠다.

답답한 마음에 국어 영역을 잘하는 문과 성향이 강한 친구들에게 물어봐도 논리적으로 이해되는 설명이 없었다. 오히려 그들은 "어떻게 이게 헷갈릴 수 있지? 딱 봐도 이 선택지가 정답으로 느껴지지 않아?"라고 고개를 갸우뚱했다. 그 친구들은 정말 '그냥 아는' 것이었고 그걸 논리적으로 설명한다는 게 그 친구들에겐 더 이상한 일이었음을 이제는 이해한다.

하지만 문제를 푸는 가장 중요한 기준은 논리적이고 합리적인 사고와 그에 따른 판단이라고 생각한 나에게 국어 영역의 모호한(?) 정답 판정 기준은 정말 이해하기 어려운 부분이었다. 실제로 무수한 노력을 했지만 고3 때까지도 정답 판단 기준을 제대로 이해하지 못했다. 결국 그해 하필이면 제일 어렵게 출제된 국어 영역에서 그동안의 모의고사 평균 점수보다 낮은 점수를 받았다.

그래서 4년 후 다시 의대를 가기 위해 수능 공부를 했을 때 가장 노력한 부분이 바로 이 국어 영역이었다. 당시 의치대 열풍으로 커트라인이 치솟을 만큼 치솟은 서울대 의대를 가려면 국어 영역에서 안정적인 점수를 획득해야 했다. 그래서 내가 수학 공부를 할 때 활용했던 방법을 국어 영역에도 적용해 봤다. 수능 기출문제와 교육청 모의고사 문제들을 정독하듯이 샅샅이 풀고, 해설도 읽고 또 읽었다. 그러자 나름의 국어 영역 정복법을 깨닫게 되었다. 그건 꽤 성공적이었다. 즉 출제자의 의도에 일치하는 정답을 판별하는 방법을 찾아내게 된 것이다.

갈수록 수능 국어 난이도도 높아지고 있다. 수포자, 영포자에 이어 국포자라는 말이 나올 정도다. 그런데 국어 영역의 성패는 해당 과목뿐만 아니라 전 과목에 영향을 미친다. 마인드 컨트롤을 아무리 해도 사람의 심리는 비슷해서 1교시에서 시험을 망치면 마음을 다잡기가 힘들기 때문이다. 성적이 비등비등하다면 국어 영역에서 하나라도 더 맞히는 게 신의 한 수가 될 것이다. 지금부터 내가 오랜 기간 연습해 마침내 성공한 국어 영역 공부 방법을 소개한다.

출제자의 의도를 파악하라

출제자의 의도라는 게 대체 뭘까? 출제자의 의도를 대체 무슨 수로 알아챌 수 있을까? 수능 기출문제에서 애매한 선택지들 중 정답이 되는 것들을 분석해 보면 보통 일관된 기준이 있음을 알 수 있다. 우리가 흔히 말하는 '출제 경향'이다. 즉 출제자의 의도나 입장을 파악하는 것은 이러한 경향을 정확히 알아채는 것이라고 보면 된다.

예를 들어 어떤 국가 정책을 정할 때 '국민 개개인의 자유를 지지하는 정당 A의 입장'과 '국민 개개인의 자유를 좀 제한하더라도 사회적인 공익을 더 중요하게 생각하는 정당 B의 입장'이 있을 수 있다. 이런 특정 정당의 입장을 잘 알고 있다면 어떤 정책에 대해서도 '정당 A는 이 정책을 지지하겠구나' 아니면 '반대하겠구나' 하는 정당별 정책에 대한 흐름이 쉽게 보인다.

마찬가지로 역대 기출문제들과 교육청 모의고사 문제들을 모아놓고 쭉 분석해 보면 '정책에 대한 정당별 입장'이 보이듯 해당 문제의 입장이 보인다. 지금 여러분은 A라는 입장과 B라는 입장이 거의 같은 확률로 정답일 것 같아 고민하고 있다. 예를 들어 여러분이 고민하는 문제가 '화자의 정서'를 묻는 내용이라고 하자. 그러면 역대 기출문제에서 화자의 정서를 묻는 문제들을 모아서 분석하는 것이다. 정답과 그것을 이끌어내는 풀이 과정을 면밀히 분석해 보면, 늘 A와 B라는 입장 중 어떤 입장이 정답인지 파악된다.

이제 남은 것은 기출문제 분석으로 알아낸 화자의 정서와 이에 대한 수능 출제자의 입장을 토대로 풀어야 하는 문제의 정답을 가려내는 것이다. 그 입장을 알아내기만 하면 정당의 선호 정책을 알아채는 것만큼이나 쉽게 정답을 판별할 수 있다. 물론 그렇게 되려면 역대 기출문제 중에서 출제 빈도가 높은 문제 그룹을 묶어 분석해야 한다.

그렇게 되기까지 많은 문제를 살펴봐야 하므로 시간이 오래 걸리는 것도 사실이다. 문제 풀기도 급급한데 그럴 시간이 어디 있나 생각하기 쉽다. 그렇지만 한 번만 해두면 실전에서 작품이 달라져도 쉽게 정답을 맞힐 수 있는 효율적인 방법이다.

국어 점수를 높이는 획기적인 방법들: ① 문제를 먼저 읽어라

문학, 비문학, 독해 상관없이 국어 영역 문제를 풀 때는 바로 지문부터 읽는 습관을 버리자. 먼저 지문에 딸린 4~6가지의 문제들과 각 문제에 딸린 5가지 정답 후보들의 선택지를 샅샅이 읽자. 그리고 나서 지문을 읽어야 내가 중점을 둬서 봐야 할 것들을 파악하며 읽을 수 있다.

　물론 어렸을 때부터 책을 많이 읽어 독해 능력이 뛰어난 일부 학생들은 지문을 먼저 읽어도 괜찮다. 독해 속도와 분석력, 추론력이 뛰어나다면 지문을 먼저 읽고 문제를 봐도 곧바로 정답을 가려낼 수 있으며, 문제를 풀다가 지문을 확인해야 할 때도 살펴봐야 할 곳을 빠르게 판단해 확인하고 풀 수 있을 것이다.

　하지만 대부분의 학생은 지문을 먼저 읽고 문제를 보면 그 지문의 내용이 절반 이상 기억도 나지 않는다. 지문에서 찾아야 할 내용이 정확히 어디 있었는지 몰라 처음부터 다시 읽는 불상사가 생기기도 한다. 그런 식으로 문제를 풀다 보면 시간이 부족할 수밖에 없다.

　그러니 반드시 문제와 선택지를 먼저 보고, 지문에서 파악해야 할 것을 빠르게 판단한 뒤 읽을 것을 권한다. 문제를 읽을 때 질문의 핵심어를 동그라미나 세모 등으로 표시하면 지문에서 중요한 내용을 좀 더 쉽게 찾을 수 있다.

　예를 들어 경제 관련 지문에 딸린 문제가 '인플레이션에 대한 설명으로 틀린 것은?'이라고 하자. 이는 구체적인 내용의 옳고 틀림에 대해 묻는 문제이다. 문제와 선택지를 먼저 읽으면 여러분 머릿속에 '인플레이션에 대한 설명이 나오면 잘 봐야겠다'란 생각이 떠오를 것이다. 지문을 빠르게 읽다가 여러분이 주의 깊게 봐야 할 부분이 나왔다. 이제 할 일은 선택지와 지문의 내용을 대조해 틀린 설명을 찾기만 하면 된다.

문학 독해에도 이 방법은 유용하다. '특정 인물들에 대한 설명 중 옳은 것은?'이라는 문제 유형이 있으면, 선지에 있는 인물과 특징을 파악한 후 지문을 읽을 때 해당 인물의 성격, 행동, 태도, 발언을 주의 깊게 살피며 읽으면 된다. 그러면 쉽게 답을 가려낼 수 있다.

사실 이러한 독해 방법은 순수하게 글을 읽는 측면에서 볼 때는 좋은 방법이 아니다. 하지만 우리의 가장 큰 목표는 국어 지문에 딸려 나오는 4~6개 문제의 정답을 빠른 시간 안에 정확하게 맞히는 것이지, 그 지문을 누구보다 정확하고 상세하게 이해하고 체득하는 것이 아니다. 조금 슬픈 말일 수도 있지만 고사장에서 우리는 시나 소설조차 문학적 소양을 쌓기 위함이 아니라 단지 정답을 맞히기 위해 읽는 것이다.

국어 점수를 높이는 획기적인 방법들: ② 구조를 분석하라

이러한 문제 풀이 방법을 반복하다 보면 어느 순간 지문의 구조가 눈에 들어온다. 비문학 독해의 경우는 더욱더 이러한 구조적 분석이 빛을 발할 수 있다. 보통 어떤 정보를 전달하기 위한 지문은 제일 마지막 문단에 중요한 내용들이 집중되어 있어서 마지막 부분만 읽거나 문제를 풀기 위해 밑줄 친 부분들만 읽어도 충분히 몇 개의 문제는 정확하게 풀 수 있는 노하우를 익히게 된다. 이러한 노하우는 수학 풀이법처럼 직접 수백, 수천 번 문제를 풀며 각자의 스타일대로 체화하는 수밖에 없다.

문학 독해의 경우 독서 경험이나 감수성이 상대적으로 부족하면 비문학 독해보다 더 어렵다고 느낄 수 있다. '맞거나 틀리다'의 논리적인 기준으로 판별할 수 없는 비유적이고 은유적인 단어와 상황들이 지문 곳곳에 펼쳐져 있기 때문이다.

물론 문학 독해 실력을 높이는 가장 좋은 방법은 교과서나 문제집에서 배웠던 문학 작품의 내용 전체를 정확히 이해할 수 있을 만큼 꼼꼼히 읽어두었다가, 시험을 볼 때 그 배경지식을 바탕으로 문제를 푸는 방법일 것이다.

그렇지만 독서에 많은 시간을 할애하기 어려운 수험생들에게 1년간 문학 작품 독서량을 기르라고 할 수는 없는 노릇이다. 무작정 독서량을 늘린다고 작품 이해력과 독해력이 향상되는 것도 아니다. 꼼꼼히 읽으면서 인물, 사건, 배경을 생각하고 비유와 상징을 이해하며 표현상의 특징 등을 파악하는 능력은 오랫동안 꾸준히 길러와야 가능한 것이기 때문이다.

그렇다고 손 놓고 있을 수는 없다. 정보 전달의 성격으로 사실 관계가 명확해서 비교적 답안 도출이 쉬운 비문학 지문만큼은 아니지만 문학 지문도 대응을 이루는 것을 찾을 수 있다. 문학 작품에서 등장인물은 어떤 은유의 대상이며 당시 사회를 상징한다. 작품에서는 보통 '선하다, 밝다, 정의롭다'와 같이 직설적으로 표현하지 않고 그 말들을 대신할 단어로 표현한다. '악하다, 어둡다, 악랄하다'도 마찬 가지다. 그러한 특징을 대신하는 단어가 있다.

지문을 읽을 때 인물이나 대상의 특징을 드러내는 단어에 표시할 자신만의 규칙을 만들면 좋다. 예를 들어 선함으로 대표되는 인물이나 단어에는 동그라미를 치고, 악함으로 대표되는 인물이나 단어에는 세모를 치는 것이다. 이 단순한 작업으로 인물의 성격은 물론 갈등 구조까지 쉽게 파악할 수 있다. 이 방법을 나는 '문학적 이분법'이라 부른다.

물론 이러한 문학적 이분법이 통하지 않는 지문과 문제들도 분명 있다. 하지만 적어도 80%의 문학 지문들은 이러한 표시로 작품을 빠르게 분석할 수 있고 문제의 선택지와 대응해 답안을 가려낼수 있다. 이렇게 문제가 풀리기 시작하면 문학 독해가 쉽게 느껴질 것이다.

사회탐구 영역

사회 과목은 암기만으로 이루어지지 않는다

대부분의 학생이 수능 직전까지도 외운 것을 잊을까 봐 불안하여 손에서 놓지 못하는 대표적인 영역이 사회탐구일 것이다. 그런데 사실 수능 사회탐구는 암기 영역이 아니다.

사회탐구라는 영역을 오래 공부하면서 터득한 사실이 있다. 사회탐구 기출문제의 대부분은 세심한 암기가 필요한 문제들이 아니라는 점이다. 사회탐구 영역의 대표적인 과목으로는 역사, 한국지리, 세계사 등이 꼽히는데, 학교에서 내신 공부를 할 때 위치나 사건, 연도, 인물 이름 등을 정확히 암기해야 하는 과목들이다. 그러다 보니 사회탐구는 암기 영역이라는 인식이 생긴 것이다.

그러한 인식이 생길 법도 한 게, 내신 대비 문제집을 보면 방대한 양을 정확히 암기하고 있어야 풀 수 있는 문제가 많다. 그러다 보니 '아, 사회탐구는 암기를 많이 해야 하는구나. 저 많은 걸 어떻게 외우나'라는 걱정으로 이어지게 된다. 이 때문에 사회 과목은 교과서에서 배운 개념들을 정확하게 외고 있는가를 시험해 보는 과목으로 느껴지기도 한다.

하지만 역대 수능 기출문제들과 교육청 모의고사들을 살펴보면, 사회탐구 영역의 80%는 암기를 하지 않아도 정답을 맞히는 데 크게 무리가 없다. 그 문제를 풀기 위해 가장 필요한 것은 얼마나 많은 양의 내용을 정확히 암기하고 있는가가 아니다. 국어 영역처럼 문제를 정확히 읽고 출제자의 의도를 파악하는 것이다. 그러면 세세하게 외우지 않더라도 논리적인 사고의 흐름으로 정답을 찾아낼 수 있는 문제가 꽤 많다. 심지어 기출문제 중심으로 분석하고 공부하다 보면, 사회탐구라는 영역은 그냥 지문이 좀 짧은 국어 영역의 연장인 것 같다는 생각이 들 정도다.

물론 10문제 중에 2~3문제 정도는 분명 암기가 중요한 문제들도 출제된다. 하지만 대부분의 수험생이 걱정하듯이 10문제 중 8문제 정도가 암기력이 정답을 가르는 문제들로 채워지지는 않는다는 것도 사실이다. 그러니 이과생이라거나 암기력이 떨어진다거나 지망하는 대학이 사회탐구 점수의 반영이 거의 안 된다거나 하는 등의 여러 이유가 미리 사회탐구 과목의 고득점을 포기할 이유는 절대 되지 않는다고 얘기해 주고 싶다.

나 역시 의대를 가기 위해 두 번째 수능을 볼 때는 연세대 의대를 제외한 대부분의 대학이 사회탐구 영역을 반영하지 않아 역사, 한국지리 같은 과목의 공부를 거의 하지 않았다. 그냥 포기했다고 해도 과언이 아니다.

그러다 수능을 앞두고 기출문제들을 분석하다 보니 사회탐구 영역에 진짜 암기로 풀어야 하는 문제들은 생각보다 많이 없다는 것과 출제자의 입장에서 생각하면 답이 수월하게 나오는 문제가 많다는 것을 깨달았다. 실제로 논리로 풀어가며 본 사회탐구 성적은 꽤 좋았다. 그 덕분에 연세대에도 지원해서 합격할 수 있었고 말이다.

여러분도 충분히 할 수 있다. 지레 걱정하지 말고 기출문제를 펼치고 문제 유형을 파악하는 공부부터 시작하자. 사회탐구 과목별로 수능을 대비하기 위한 나의 노하우를 간략히 안내할 테니 살펴보면서 각자에 맞게 취사선택하기 바란다. 이는 사회탐구 일타강사 분들의 강의를 들으며 수집한 정보이자, 내가 스스로 공부하면서 또는 과학고 동기들과 얘기를 나누며 깨달은 전략이다.

사회탐구 과목별 공략법

① 동아시아사, 세계사

사실 이들은 암기할 부분이 제일 많은 과목이다. 각 사건들의 연도부터 그 시기에 일어난 여러 역사적 사실, 그리고 곁가지로 따라오는 여러 법 제도와 문화재들까지……. 암기를 제일 싫어하는 수험생들에게는 정말 피하고 싶은 과목이자 어쩌면 수학보다도 더 어려운 과목일 수 있다.

하지만 이 과목들이야말로 문제와 선택지를 주의 깊게 읽은 뒤 반복된 경험을 통해 출제자의 입장에 서면, 약간의 암기만으로도 충분히 정답을 확정할 수 있다. 내신 준비할 때처럼 연도나 문화재의 이름 등을 달달 암기하지 않아도 된다.

수능이 다가오면 반드시 암기해야 하는 중요 부분만 간략하게 정리해 두자. 그리고 일주일에 한두 번 정도만 정리한 내용을 반복해서 외우면 된다. 큰 흐름을 보며 비중 있는 사건 중심으로 외우되 그 사건이 지니는 의미를 파악하면 더 좋다.

② 한국지리, 세계지리

나는 이 과목들이 과학탐구의 지구과학과 같은 포지션에 속하는 과목이라고 생각한다. 즉 적절한 암기와 논리적 판단을 합쳐 문제를 풀어야 한다. 이 과목들의 기출문제를 분석해 보면, 매해 계속 반복해서 출제되는 문제가 보인다. 지도의 등고선이나 축적 문제, 화산 지역에 관련된 문제들처럼 말이다.

따라서 암기가 너무 싫고 수능 직전까지 할 게 너무 많아 지리 과목까지 챙길 여력이 없는 학생들이라면 차라리 이 과목들을 미리 고2 때나 고3 초반에 공부해 둘 것을 권한다. 여유가 있을 때 암기해 두면 기출문제를 풀 때 이를 바탕으로 좀 더 논리적으로 사고하며 답을 낼 수 있다.

③ 경제, 사회·문화, 정치와 법

국어 영역의 문제들과 비슷한 성격을 지니는 과목들이다. 심지어 암기해야 하는 여러 개념들이 짧은 지문에 이미 주어진 경우도 많다. 만약 비문학 독해 문제에 자신이 있고 암기는 전혀 하고 싶지 않다면 선택 과목으로 이 과목들을 추천한다. 국어 영역처럼 출제자의 입장에서 문제를 분석하고 답을 유추하는 능력을 기르는 데 힘을 쓰자.

④ 생활과 윤리, 윤리와 사상

중간 난이도 정도의 암기와 중간 난이도 정도의 국어 영역 풀이법을 동시에 요구하는 과목들이다. 소위 말해서 팔방미인들, 즉 적절한 암기력과 지문 분석력을 다 가진 학생들이 상대적으로 손쉽게 높은 등급을 받을 수 있다.

자신이 암기도 잘하고 어느 정도 시간도 투자할 수 있으며 분석력도 뛰어난 상위권이라 생각한다면 도전해 볼 만하다. 상대적으로 높은 표준 점수나 등급을 목표로 접근하면 원하는 바를 얻을 수 있을 것이다. 하지만 암기력과 문제 분석력이 부족한 학생이라면 가급적 다른 사회탐구 과목을 선택하기를 권한다.

과학탐구 영역

과학은 논리적 사고력에 답이 있다

과학탐구 영역은 수학 공부법과 크게 차이가 없다. 물론 과목의 특성상 물리학과 화학은 수학적인 성향이 강하고, 생명과학과 지구과학은 사회탐구적인 성향이 강하다. 하지만 큰 틀에서 이 네 과목 모두 수학 공부하듯이 논리적이고 합리적인 사고력만 미리 충분히 길러주고 대비하면 좋은 점수를 받을 수 있다. 또 실전 수능을 앞두고 그다지 많은 복습이나 신경을 쓰지 않아도 되는 과목이라는 점에서 수학처럼 미리 공부를 해두는 것을 추천한다.

특히 물리나 화학은 수학처럼 깊이 있게 많은 시간을 투자해서 미리 공부해 두면 고3이 되어 교육청 모의고사를 볼 때까지 점수가 꾸준히 유지되는 과목이다. 생물이나 지구과학도 얼핏 보면 암기할 게 많은 과목이라는 생각이 들 것이다. 하지만 기출문제를 분석하다 보면 많은 내용을 암기하지 않아도 논리적이고 합리적인 판단으로 정답을 알아낼 수 있다.

과학탐구 영역도 암기에 주력하기보다 그러한 암기를 바탕으로 한 논리적 사고력을 기르는 데 중점을 둬야 한다. 논리적 사고력은 탄탄한 공부를 바탕으로 기출문제에 대한 면밀한 분석을 통해 기를 수 있다. 이때도 문제, 지문, 선택지, 해설까지 곱씹으며 읽기를 권한다. 맞힌 문제도 해설을 따라가며 어떤 논리로 답을 냈는지 그 흐름을 분석해 체화하면 문제 풀이에 필요한 사고력과 판단력을 갖출 수 있다.

과학탐구 과목별 공략법

① 물리학

과학탐구 4과목 중에서도 가장 수학과 흡사한 면이 많은 과목이다. 암기가 필요한 부분은 거의 없고, 있더라도 수학 공식처럼 이해를 바탕으로 한 암기가 필요한 것이 대부분이다. 그래서 수학처럼 미리 충분한 시간을 들여 이해하고 분석해서 내공을 쌓아두면 고등학교 3학년 내내 가끔 문제를 풀어서 감을 유지하는 것만으로 충분히 좋은 성적을 유지할 수 있다.

문제는 역시나 수학과 같이 꽤 오랜 시간을 들여 실력을 쌓아야 한다는 점이다. 물론 수학만큼 긴 시간이 들지는 않지만 적어도 고1~고2의 2년간 충분한 시간을 투자하는 것이 좋다.

다시 말해 흔들리지 않는 실력과 내공을 쌓을 자신이 있는 학생들만 물리학을 선택하는 것이 좋다. 이러한 진입 장벽 덕분에 표준점수를 올리거나 등급을 받는 데는 아주 유리하게 작용한다. 따라서 개인적으로 수학 실력이 출중한 학생들은 다른 3개 과목보다 물리학을 선택하는 것이 여러 면에서 도움이 될 수 있다.

수능 물리학을 정복하는 방법 또한 수학 정복법과 대동소이하다. 유일한 차이점이라면 수학처럼 범위가 아주 넓거나 많은 문제가 출제되지 않기 때문에, 난이도가 있는 문제더라도 특정 범위에 있는 문제가 매우 자주 출제된다는 점이다. 상대적으로 시험 범위가 더 한정된 편이라 철저히 대비하면 할수록 높은 점수를 획득할 수 있다.

예를 들어 '빛과 파장'은 물리를 좋아하고 잘하는 학생이어도 대부분 낯설어하고 어려워하는 단원이다. 그런데 수능 물리학에서는 이러한 빛과 파장 단원에서 출제되는 문제는 거의 몇 가지 대표적인 유형이 정해져 있다. 예를 들면 '콤프턴효과'가 그렇다. 그 문제만 철저하게 분석해서 이해를 통한 암기로 학습하면, 해당 단원의 방대한 개념과 문제를 굳이 다 공부할 필요가 없다.

② 화학

과학탐구 중에서 꽤나 암기가 중요한 과목이다. 그런데 수능 화학에 나오는 문제들은 의외로 단순 암기로는 바로 풀기 어려운 문제가 많다. 좋은 성적을 얻기 위해서는 암기도 열심히 해야 할 뿐만 아니라 각종 실험 상황에 대해 논리적인 판단과 사고력을 토대로 한 화학적인 고찰 능력까지 갖춰야 한다.

처음에는 주기율표로 대표되는 방대한 암기량 때문에 꽤 고생할 수 있다. 하지만 그 이후에는 수학처럼 암기 자체를 이해하면서 스스로에게 맞게 체화시키면 된다. 그러면 화학 역시 고3 때 그렇게 많은 시간을 쓰거나 반복 학습을 하지 않아도 된다.

수학을 좋아하고 잘하는 학생 중에 물리적인 사고력이 상대적으로 부족하거나 적성에 맞지 않는 학생들은 화학을 선택하길 권한다. 고등학교 3학년 동안 다른 과목을 공부할 시간을 꽤 많이 벌 수 있다.

③ 생명과학

가장 과학탐구 같지 않은 과목이다. 달리 말하면, 과학탐구 중 가장 암기의 비중이 높은 과목이다. 물론 생명과학도 과학의 한 분야이기 때문에 암기 없이 논리적으로 주어진 실험 상황이나 문제에 제시한 단서들을 보고 풀 수 있는 문제도 있다. 하지만 80% 이상의 문제들은 우선 철저하게 많은 양의 내용을 정확하게 암기해야 풀 수 있는 문제들이다.

그래서 보통 생명과학을 선택하는 학생들은 이과생들 중에서도 상대적으로 논리적인 사고력이 부족하거나 고1~고2 시절 수학이나 영어에 많은 시간을 들이느라 물리, 화학 같은 과목에 들일 시간이 부족한 학생들이다. 그래서 비교적 많은 학생이 생명과학을 선택해 3학년 시절 집중적으로 공부한다. 이 때문에 어느 정도 진입 장벽이 있는 물리학, 화학과 달리 생명과학의 경우 한두 개만 틀려도 바로 표준 점수나 등급이 떨어진다.

따라서 가급적 수능 응시일 직전까지도 반복적인 암기와 훈련으로 절대 1~2문제조차도 놓치지 않으려는 마음가짐으로 공부해야 한다. 그해의 난이도에 따라 조금 다르기는 하지만 보통 생명과학은 매해 한두 문제 차이로 1~2등급이 갈리는 경우가 많다. 또한 상대적으로 공부를 안 하면 암기의 휘발 정도가 높다. 수학이나 물리학, 화학 같은 과목들에 비해 빠르고 쉽게 정복할 수 있는 과목이지만, 그렇기 때문에 조금이라도 소홀하거나 방심할 경우 빠르게 성적이 하락할 수도 있는 과목임을 잊지 말자.

④ 지구과학

물리학과 화학의 중간쯤에 있는 과목이라고 생각하면 된다. 약간의 암기를 바탕으로 높은 수준의 논리적인 사고력과 추론으로 풀 수 있는 문제들이 실제 기출문제들의 반 정도고, 많은 양의 암기를 바탕으로 약간의 논리적인 사고력과 추론으로 풀 수 있는 문제들이 나머지 반 정도다.

그런데 지구과학에 나오는 여러 이론과 개념들은 물리학에서 가르치는 내용과 겹치는 부분이 절반 정도 있고, 화학에서 가르치는 내용과 유사하거나 겹치는 부분이 또 나머지 절반을 차지한다. 그래서 물리학이나 화학을 중심 선택 과목으로 정한 학생들이 나머지 한 개의 선택 과목을 고를 때, 상대적으로 암기량이 현격하게 많은 생명과학보다는 지구과학을 선택하는 경향이 있다.

하지만 물리학이나 화학을 충분히 공부해서 실력을 기른 학생들만이 손쉽게 지구과학 성적을 올릴 수 있다. 따라서 본인이 물리학 또는 화학 과목 실력이 충분한지 냉정히 생각해 볼 필요가 있다. 만약 실력이 부족하다면 지구과학보다는 상대적으로 집중적인 공부를 통해 빠르게 성적을 올릴 수 있는 생명과학을 선택하기를 추천한다.

물론 지구과학도 물리학이나 화학에 비하면 1년 동안 집중적인 공부와 훈련으로 빠른 성적 향상이 가능한 과목이긴 하다. 그렇기에 실제로 많은 수험생이 지구과학을 선택하여 시험을 치른다. 하지만 개인적으로는 기본 실력이 어느 정도 쌓인 상위권 수험생이라면 지구과학을, 그보다는 상대적으로 부족한 중하위권 학생이라면 생명과학을 선택하는 것이 실제 수능 성적에 좀 더 도움이 된다고 생각한다.

수능은 모두 틀리는 어려운 문제를
누가 맞히느냐의 싸움이 아니다.
누구나 맞히는 문제를
누가 더 틀리지 않느냐의 싸움이다.

2

수험생을 위한
수능 필승 공략법

수능은
전략 싸움이다

수능 시험의 원리를 이용하자

요즘 입시에서 수시 비율이 확대되면서 심지어 정시에서도 명문 대들은 수능 점수보다는 구술 면접이나 논술 고사의 비중을 더 확대하는 경향이 있다. 그래서 문·이과를 막론하고 수능에 큰 비중을 두거나 수능 공부를 최우선하는 경우가 과거에 비해 줄었다. 거기에 서울대를 비롯한 명문 대학들이 내놓는 입시 전형이 너무 다양해서 학생들은 '수능 외에도 준비할 것이 많다'며 막막해한다.

"수능 점수만으로 1차에 2배수를 뽑고 2차부터는 제로 베이스에서 수학·물리·화학·생명과학 같은 과목들의 구술 면접이나 논술 고사 등으로 합격 여부를 결정한대요."

"수능은 일정 비율로만 반영해서 반영률을 낮추고, 그 외의 심화 면접이나 논술 고사를 치러 당락을 가를 만한 점수 격차를 주겠다고 해요."

수능 준비만으로도 빠듯한데 대학별 전형까지 세세하게 챙기려니 속이 타는 것도 이해한다. 하지만 그렇더라도 입시에서 가장 중요한 건 점수다. 수시 지원이어도 수능 최저 점수를 맞춰야 하는 경우가 대부분이다. 예를 들어 2023 입시요강을 살펴보면 연세대학교 의예과 미래인재 전형의 경우 국어, 수학, 과학탐구1, 과학탐구2 중 세 영역이 1등급이어야 한다. 영어 2등급, 한국사 4등급 이내란 조건까지 붙으니 '최저'라는 말에 속으면 안 된다.

결국엔 수능 점수가 전부다

정시인 경우는 어떨까? 그해 수능이 어렵게 출제되어 상위권 학생들끼리도 변별력을 확보할 수 있는 시험이었다는 판단이 들면 대학은 2차 시험인 구술 면접이나 논술 고사 등으로 우열을 나누려고 하지 않는다. 이미 충분히 우수한 학생을 변별할 수 있게 해준 수능 점수에 최대한 큰 비중을 두고, 그 외의 다른 과정들의 기본 점수를 적절히 조절하는 것이다.

예를 들어 내가 서울대 의대를 갈 때 치른 2004학년도 수능은 상대적으로 수학과 과학이 어렵게 출제되어 변별력이 있는 해였다. 이해의 경우 수능 성적에 가중치를 두어도 서울대 의대는 이과 수능을 치른 학생 중에 충분히 뛰어난 이들을 선발할 수 있었다.

실제로 서울대 의대 동기 중 1지망으로 경희대 한의대에 일찌감치 합격하고도 서울대 의대에 지원한 이가 있었다. 그는 2차 심층 구술 면접 공부를 전혀 하지 않아서 제대로 답한 문제가 하나도 없었다고 한다. 그럼에도 당당히 서울대 의예과에 합격했다. 따라서 수능이 어렵게 나온 해에 자신의 수능 점수가 경쟁자들에 비해 충분히 높다면, 내신이나 구술 면접에 자신이 없더라도 서울대 상위권 학과에 과감하게 지원해 볼 만하다.

이처럼 대학별 전형에 따라 맞춤형 전략을 세우는 시대라 해도 수능 점수는 학생의 실력을 객관적으로 확인할 수 있는 바로미터다. 수능 최저 점수를 보지 않고 논술과 교과 조합만으로 학생을 뽑는 학과에 지원할 예정이 아니라면, 수능 점수를 잘 받아야 유리한 입시 전략을 짤 수 있음을 명심하자.

수능 한 달 전
막바지 공부 전략

수능 성적은 마지막 한 달에 달렸다

수능 한 달 전에는 무엇을 해야 할까? 무엇을 공부하고, 어떤 정신적·신체적 훈련을 해야 제일 효과적으로 대비할 수 있을까?

"한 달 만에 등급을 올리는 건 무리예요. 지금보다 더 잘 볼 수 있단 생각이 안 들어요."

"모의고사 내내 영어, 수학 점수가 꾸준히 안정적으로 나와서 큰 걱정은 없어요. 컨디션만 잘 유지하면 될 것 같아요."

수능을 한 달 앞두고 수험생들의 태도는 크게 두 부류로 나뉜다. 낙담하거나 자신만만하거나. 대략적인 점수와 등급이 이미 어느 정도 정해져 있다고 생각할 것이다. 하지만 사실 수능은 너무나도 변동 가능성이 큰 시험이다. 적어도 수능에 있어서 한 달은 결과를 바꾸기에 결코 짧은 시간이 아니다.

이 시점부터 수능 직전까지 어떤 식으로 그동안 갈고닦은 실력을 가다듬고 시험 전략을 세우느냐에 따라 2~3문제의 점수는 물론 심지어 등급 자체가 바뀔 수도 있다. 그러니 마지막까지 최선을 다해야 한다.

고등학교 3년의 전 과정을 다루는 수능 범위를 생각하면 상당히 방대하게 느껴질 것이다. 그래서 공부하는 데 들이는 시간도 꽤 많을 것 같지만 한 달이면 총정리를 하기에 충분하다. 그동안 공부했던 과목을 다시 복습하면서 1회독 또는 상황에 따라 2~3회독도 충분히 가능한 시간이다.

전체 내용을 반드시 훑어보라

가장 중요한 것 두 가지는 크게 공부와 마인드 컨트롤이다. 보통 수능을 앞두고 공부를 착실하고 성실하게 해온 학생일수록 이때 공부보다는 마인드 컨트롤에 집중하는 경향이 있다. 물론 그 판단도 아주 틀린 것은 아니다. 하지만 이미 여러 번 보고 익혀서 당연히 다 알고 있다고 생각하는 내용조차도, 한 달이라는 시간 동안 다시 복습하고 살펴보지 않으면 정작 수능 당일에 기억이 나지 않거나 헷갈릴 수 있다.

나 역시도 첫 번째 현역 수능 때 그런 경험을 한 적이 있다. 헷갈릴 것이라곤 생각조차 해보지 않았던 내용이었는데 수능 시험이라는 큰 압박 앞에서 너무도 쉬운 내용이 기억나지 않아 당황했다. 심지어 남들 다 맞히는 쉬운 문제였기에 더 곤혹스러웠다. 이는 여러분이 실전에서 가장 피해야 할 상황이다.

수능 준비를 열심히 한 학생일수록, '이 정도면 됐다'란 자신감이 가득한 학생일수록 빠르게 그동안 공부한 모든 과목의 내용들을 잠깐씩이라도 훑어보는 시간을 가져야 한다. 그동안 적게는 3~4번에서 많게는 10번도 넘게 반복해서 읽고 익힌 내용들이라면, 빠르게 훑어보는 데는 생각보다 아주 짧은 시간이 걸릴 것이다. 그렇게 내용을 점검하고 기억력과 감각을 유지하면 실전에서 미처 기억이 나지 않아 당황하거나 괴로운 일은 없을 것이다.

첫 수능 때의 그 경험이 너무 후회되어 두 번째 수능 때는 한 달 전에 전략을 바꾸었다. 전 과목의 내용을 한 달 동안 두 번 이상 빠르게 훑어보고 실전에 임한 것이다. 그 결과 경쟁 상대들이 당연하게 맞히는 문제들은 나 역시도 실수하지 않았다. 한 달 동안 복습하지 않았으면 충분히 헷갈렸을 만한 문제들까지도 자신 있게 정확히 맞혔다.

수능을 앞두고 본인에게 부족한 과목이나 단원을 들여다보는 것도 필요하겠지만 그 이전에 반드시 전체 범위의 모든 내용을 훑어볼 것을 권한다. 단점을 감추기보다 장점을 극대화하는 게 낫다는 말처럼, 남들이 다 틀리는 고난도의 문제 하나를 더 맞히기 위해 시간을 들이는 것보다 대다수가 맞히는 문제들을 나 역시도 실수 없이 정확하게 맞히는 데 집중해야 한다.

수능은 상위권일수록, 시험 문제의 난이도가 평이할수록 누가 어려운 문제를 하나 더 맞히는가가 아니라 누가 더 실수를 적게 하는가의 싸움으로 귀결된다는 것을 명심하라.

마무리 문제집과 특강에 시간을 허비하지 말라

수능을 한 달 정도 앞두면 오프라인이든 온라인이든 학원가에서는 '최종 정리 특강'이 우후죽순처럼 나온다. 서점에도 '파이널'이란 이름을 단 문제집들이 쏟아진다. 조바심이 난 수험생들은 이런 강의나 문제집 중 적어도 1~2개 정도는 듣거나 푸는 경우가 많다.

하지만 수능을 앞두고 그동안 공부를 충실히 해온 학생일수록 수능 한 달 전에 이러한 파이널이란 이름으로 포장되어 나오는 문제들을 많이 풀거나 강의를 듣는 것이 오히려 독이 될 수 있다.

고3이 시작될 때부터 지금까지 여러분은 기출문제와 모의고사로 수능에 가장 최적화된 좋은 문제들을 풀며 복습했다. 지금 '파이널', '총정리', '적중' 같은 말로 유혹하는 문제들은 성적에 도움이 되지 않는다는 사실을 알아야 한다. 수능 막바지 시점에 새로운 강의와 문제를 푸는 것은 오히려 시간만 허비할 뿐이다.

최소 1년에서 3년간 이미 너무나 많이 공부하고 익혀서 굳이 다시 보지 않아도 된다고 생각하는 부분이라도, 정말 내가 그 내용을 완벽하게 확실하게 아는지 점검하는 순간이 꼭 필요하다. 충분히 알고 있다고 생각했던 내용과 문제들도 천천히 살펴보면 과거에는 미처 보지 못했거나 발견하지 못했던 내용이나 출제자의 의도 등이 보이는 경우도 많다.

오답 노트는 막판 점수를 올리는 가장 좋은 방법

그렇다면 어떻게 해야 내가 현재 어떤 과목이나 내용을 완벽하고 확실하게 알고 있는지 점검할 수 있을까? 바로 자신만의 오답 노트들을 만들어서 보는 것이 제일 효과적이다.

오답 노트를 만드는 것을 귀찮고 무의미하게 생각하는 사람들도 있을 것이다. 하지만 방대한 수능 범위 중에서 헷갈리거나 잘 외워지지 않았던 내용, 또는 자주 틀렸던 내용들을 한 권의 노트에 모아두면 수능 직전에 큰 도움이 된다. 뿐만 아니라 수능 당일 쉬는 시간에 다시 한번 마음을 가다듬고 나의 약점들을 점검하는 데 아주 가성비 높은 수단이 된다.

괜히 불안한 마음에 말도 안 되는 양의 책들을 가지고 고사장에 가봐야 정작 제대로 보지도 못할 것이 뻔하다. 글이 눈에 들어오지도 않고 짧은 시간에 무엇을 봐야 할지 감도 안 오기 때문이다. 그러면 가지고 간 책은 짐짝으로 전락하고, 쉬는 시간 내내 여러분은 안절부절못하다가 시험을 보게 될 것이다.

불안한 마음을 가다듬고 시험 문제에 집중하는 데는 나의 약점들이 다 모여 있는 오답 노트만큼 유용한 것이 없다. 그러면 이때 볼 수 있는 오답 노트는 언제부터 어떻게 만들면 좋을까?

오답 노트를 만드는 시기나 방법에 대한 정답은 사실 없다. 평소 꼼꼼히 오답 노트를 만들어 점검하며 공부하는 학생도 있겠고, 틀린 문제를 쓱쓱 다시 풀어보며 공부하는 학생도 있을 것이다. 고등학교 2학년까지는 어떤 방식으로든 상관없으니 자신에게 효율적이고 효과적인 방식으로 공부하면 된다.

하지만 고3부터는 다르다. 이때부터는 수능 고사장에서 볼 오답 노트를 조금씩 만들어서 쌓아가야 한다. 고사장에서 시험지를 받아 들 때의 긴장감이나 압박감은 교실에서 모의고사 시험지를 받아 들 때와는 차원이 다르다. 평소 잘 긴장하지 않는 사람도 실제 수능 고사장에서는 머릿속이 백지가 되는 경험을 얼마든지 할 수 있다.

입실 후 대기 시간에, 쉬는 시간이나 점심시간에 오답 노트를 보면, 아는 얼굴들과 잡담을 하거나 초조하게 시간이 지나기를 기다리는 것보다 훨씬 마음을 안정시킬 수 있다. 두뇌 회전 역시 적절히 할 수 있어 시험지를 받았을 때 훨씬 빠르게 집중할 수 있다.

오답 노트 작성은 어려워 보이지만 의외로 간단하다. 평소 잘 외워지지 않거나 헷갈렸던 내용들을 1년간 공부하는 과정에서 틈틈이 한 줄 한 줄 과목별로 나눠서 적어두면 된다. 기출문제나 교육청 모의고사 문제를 푼 후에는 자주 틀리거나 실수했던 문제들, 헷갈렸던 개념들을 적으면 된다. 여러 색깔로 반듯하고 깔끔하게 정리해야 한다는 부담을 버려라. 본인만이 알아볼 수 있는 글씨나 기호로 적어두는 걸로도 충분하다.

오답 노트에 정리할 문제의 양이 조금 많더라도 걱정할 필요 없다. 수능 한 달을 앞둘 때까지 기출과 모의고사를 풀다 보면 정말 반드시 남겨두어야 하는 내용들이 추려진다. 공부하면서 완전히 자기 것이 된 것들은 빼고, 제일 많이 헷갈리고 어려운 내용들을 과목별로 10~30개씩만 남겨야 한다. 수능 일주일 전이나 2~3일 전, 당일 쉬는 시간처럼 짧은 시간에 머리에 들어갈 지식의 양은 많지 않다.

여러분에게 필요한 엑기스만 담은 오답 노트 최종 버전을 시험 직전에 살펴보면 실전에 아주 큰 도움이 될 것이다. 내가 직접 세 번의 수능을 치르며 직접 경험했기에 자신 있게 말할 수 있다.

풍문에 휩쓸리지 말고 가던 길을 가라

"어떤 선생님이 출제자로 들어갔다. 그러니 어떤 작품이 나올 가능성이 크다."

수능일이 가까워질수록 이런 이야기들이 학원가나 일타 강사들을 중심으로 매일같이 들려올 것이다. 수능을 앞두고 조금이라도 출제 가능성이 높은 범위들을 공부해서 시간을 아끼고 효과적으로 막판 공부를 하고 싶은 수험생들의 심리를 자극하는 이런 각종 소문과 풍문들에 절대 휩쓸리지 말아야 한다.

사실 출제 가능성이 높은 문제나 범위, 그리고 과목별 난이도 예측 같은 것들은 큰 의미가 없다. 요즘도 10월쯤 되면 유명 학원의 강사들에게서 나오는 과목별 예측 문제나 범위들에 대한 정보가 나돈다. 나도 첫 수능 때는 그런 정보들을 듣고 황급히 공부 계획이나 범위를 수정하기도 했다. 하지만 결과부터 말하면 그런 예측들은 거의 90% 이상이 틀렸다. 10% 적중한 내용 역시 적중하지 않으면 이상한, 거의 매해 출제되다시피 한 작품이나 문제인 경우가 대부분이었다.

국어의 예를 들면, '어떤 작품이 지문으로 나올 것이다'라는 예측이 실제로 적중했어도 그 작품에 대한 구체적인 문제는 절대 알 수 없다. 그렇기에 작품을 미리 알고 공부를 해도 문제를 푸는 데는 그다지 큰 도움이 안 된다. 오히려 그 작품에 대해 너무 자세히 알고 들어갔다가 문제에서 요구하는 내용들을 제대로 읽어보지 않고 오답을 선택할 우려가 있다.

차라리 '이런 문제가 나오면 이런 식으로 어떤 과정을 거쳐서 정답을 결정하자'라고 시뮬레이션을 해두는 게 좋다. 익숙한 지문이 나왔다고 방심해서 제대로 읽지 않아 문제를 틀리면 오히려 모르는 지문이 나왔을 때보다 더 최악인 결과를 맞이하게 된다.

이번 수능은 어떤 과목의 난이도가 높고 어떤 과목은 상대적으로 작년에 비해 쉽게 출제될 것이라는 이른바 수능의 과목별 난이도에 대한 정보 역시 마음 급한 수험생들의 귀를 솔깃하게 한다. 상대적으로 어렵게 출제될 것이라는 과목만 한 달 내내 공부하는 수험생도 있을 정도니까 말이다. 하지만 이 또한 절대 휘둘리지 말아야 하는 정보다.

수능 난이도의 경우, 보통 앞선 교육청 모의고사를 통해 어느 정도 조절을 한다고는 하지만 사실 올해 어떤 과목이 난이도 조절에 실패할지, 또 어떤 과목이 어렵거나 쉽게 출제될지는 아무도 모른다. '올해는 불수능(또는 물수능)이다', '특정 과목이 말도 안 되게 어렵게 나왔다'와 같은 이야기를 들어봤을 것이다. 사실 수능 출제위원은 매해 불수능도 물수능도 안 되게, 특정 과목이 어렵지 않도록 갖은 노력을 다하지만 예측이 빗나갈 때가 많다. 그러니 소문은 그냥 흘려듣고, 모든 과목을 똑같은 비중으로 늘 해왔던 것처럼 마무리 복습을 하는 것이 곧 최상의 수능 대비법이다.

최악을 시뮬레이션하라

아무리 수능을 위해 미리 연습해도 고등학교 3학년이라면 여러분과 주위 친구들 모두 실제 수능은 처음이다. 그런데 수능 당일에는 어떤 상황이든 일어날 수 있으니, 당일 일어날 수 있는 예측 가능한 모든 상황을 상상하며 모든 경우의 수를 시뮬레이션해 보고 적절히 대비해 두어야 한다.

흔히 미리 독감 백신을 맞고 일주일 전부터는 잠도 푹 자두며 배탈이 날 만한 음식도 먹지 않으면서 컨디션 관리를 한다. 이러한 노력들을 바탕으로 최고의 컨디션을 만든다면 그보다 좋은 일은 없을 것이다. 하지만 아무리 만반의 준비를 해도 평균 이상의 컨디션으로 고사장에 들어설 수 있을지는 아무도 모른다. 심지어 집을 나설 때는 컨디션이 매우 좋았지만 막상 고사장에 들어서니 예기치 못한 상황이 벌어지는 일도 부지기수다.

옆자리 수험생이 다리를 떨거나 기침 소리를 계속 내 집중력이 심각하게 흐트러질 수도 있는 이런 상황은 의외로 흔히 발생한다. 평소 앞자리를 불편하게 여기지 않았더라도 그날은 괜히 앞자리가 불편해지기도 한다. 고사장 난방이 제대로 되지 않아 지나치게 춥거나 더울 수도 있는데, 시험을 치를 때는 이런 환경에도 민감하게 반응하게 된다.

　주변의 상황만 문제가 아니다. 긴장감으로 인해 평소에는 없던 두통에 시달릴 수도 있고 소화가 잘되는 음식만 먹었는데 갑자기 배가 아플 수도 있다. 연습할 때는 늘 시간이 남았는데 정작 시험을 치를 때는 긴장감이나 난이도 때문에 특정 과목에서 시간을 많이 쓰는 일도 흔하다. 남은 10분 동안 10문제를 넘게 풀고 OMR 마킹까지 해야 하는 상황이 벌어질 수도 있다. 평소에는 거의 틀리지 않았던 듣기 평가 문제가 알쏭달쏭해 심적으로 크게 당황해 영어 시간 내내 마음이 혼란할 수도 있다.

　이런 안팎의 여러 상황으로 평정심을 잃으면 연쇄적으로 꼬리에 꼬리를 물고 마지막 시험 때까지 영향을 미친다. 이럴 때 별다른 동요 없이 공부한 만큼 실력 발휘를 하고 실수하지 않으려면 적어도 수능을 한 달 앞둔 때부터는 직간접적으로 이러한 다양한 상황들을 가정해 보면서 어떻게 대처할 것인지를 생각하고 연습해야 한다. 예를 들어 앞자리에 앉은 사람이 내는 소리에 집중력이 흐트러질 상황에 대비해 유튜브에서 '다리 떠는 소리', '시험장 백색 소음' 같은 영상을 틀어놓고 문제를 풀어보는 것이다.

　감기 기운이 있을 때나 배탈이 날 때를 대비해서 이전에 비슷한 증상이 있었을 때 어떤 약을 먹었을 때 효과가 있었는지를 미리 확인해 두고 시험 전에 효과가 좋았던 약을 미리 준비하면 좋다. 몸 상태가 안 좋았을 때 학교에서 모의고사를 치른 적이 있다면, 당시 기분과 집중력, 컨디션을 떠올리고 내가 만약 수능 당일에도 그런 신체 상태라면 어떻게 대응할지 그에 맞춰서 생각해 두는 것도 큰 도움이 된다.

나도 첫 수능을 볼 때 국어 영역이 예상보다 너무 어렵게 나오는 바람에 시간에 쫓기며 문제를 풀다가 결국 망쳤다. 이때의 기억을 반면교사로 삼아서 4년 후 다시 수능에 도전할 때는 일부러 10문제 정도를 5분 안에 빠르게 푸는 훈련을 반복했다. 마지막 10문제를 거의 찍다시피 했던 상황을 다시 경험하지 않기 위해서 말이다. 이렇게 예측할 수 있는 가장 최악의 상태로 나를 몰아넣는 연습을 한 덕분에 꽤 난이도 있었던 국어 영역을 빠른 속도로 풀어 시간도 남았고 결과도 좋았다.

또한 잠을 설쳐 피곤하거나 감기 기운이 있을 때를 대비해서 일부러 졸린 상태에서 모의고사 문제를 풀어보거나 감기 기운이 있을 때 약을 먹지 않고 수능 기출문제를 풀어보는 연습도 했다. 당연히 최고의 컨디션일 때만큼의 점수는 나오지 않았지만 '이런 컨디션일 때도 이 정도의 사고 능력과 판단이 가능하구나. 이 정도면 컨디션이 좋을 때와 큰 차이가 없겠구나' 하고 추측하며 여러 악조건의 상황을 충분히 시뮬레이션할 수 있었다.

'설마 수능 날 그렇게까지 악조건이 겹치겠어. 평소 컨디션이 이렇게 좋은데…….'

이렇게 안일한 생각은 금물이다. 수능 당일은 정말 사소한 소리나 평소에는 눈에 들어오지도 않았을 일들이 신경을 긁을 수 있는 날이다. 이런 모든 상황에 대비하지 않으면 작은 변수에도 크게 당황할 것이고, 대비하면 큰 변수가 일어나도 흔들림 없이 본인의 실력 발휘를 할 수 있게 될 것이다.

긴장감에 익숙해지자

수능을 한 달 정도 앞두게 되면 이미 충분히 공부한 학생이더라도 마음이 싱숭생숭해지기 마련이다. 별일 아닌데도 마음이 요동치고 감정이 격해지기도 한다. 잡념이 없던 학생도 갑자기 별별 생각이 떠올라 머리가 복잡하다. 이런저런 걱정을 하다 보니 하지도 않은 마킹 실수를 걱정하기까지 한다.

수능일이 다가올수록 이런 걱정과 긴장감이 극에 달하는데 나역시 고등학교 3학년 때 그랬다. 어느 정도 마음의 준비가 되어 자신감이 넘친다고 자부했는데 막상 예비 소집일에 고사장을 다녀온 뒤부터 온몸이 떨렸다.

수능 준비를 열심히 한 최상위권의 학생일수록 당일이 다가오면서 초긴장 상태가 심해질 수 있다. 결과에 대한 기대와 걱정이 클수록 시험에 대한 긴장감이 배가되기 때문이다. 그런데 이러한 긴장감이 실전 시험에 어떤 영향을 미칠지는 겪어보기 전에 예상 자체가 힘들다.

학생들은 막연히 당일에 우황청심환 같은 안정제를 먹거나 끊임없이 마인드 컨트롤을 하면서 긴장감을 누그러뜨리려고 노력한다. 하지만 이런 방법들은 대부분 실패하게 마련이다. 고사장이란 공간과 분위기가 주는 위압감을 '마음먹기'로만 떨치기는 쉽지 않다. 게다가 이런 약을 먹고 나면 보통 몸 전체가 나른해진다. 그 때문에 적절히 긴장하고 집중력을 유지해야 되는 시험을 오히려 망칠 수도 있다.

그래서 나는 이러한 긴장감을 떨치거나 줄이려고 의도적으로 노력하지 않았다. 오히려 긴장감을 당연한 상태로 받아들이기로 마음먹었다.

'당일에 시험지를 받으면 엄청나게 떨리겠지. 아무리 진정하려 해도 그 압박감과 스트레스, 긴장감에서 벗어나긴 힘들 거야. 그렇다면 그런 상태를 당연한 상태이고 조건이라 여기자. 떨리는 상태에서도 내 모든 실력을 정상적으로 발휘할 수 있는 훈련을 하자.'

긴장감이나 스트레스를 없앨 수 없다면 그것을 받아들이고 예측

하며 미리 훈련하는 것이 효과적이다. 모의고사를 볼 때마다 수능 현장을 떠올리며 마음을 단련하는 것이다. 머리가 지끈거리고 손에 땀이 날 정도로 긴장될 때 어떻게 정답을 논리적으로 사고해서 정할지, 어떻게 길고 복잡한 문제를 읽어낼지, 어떻게 정확하게 계산할지 미리 연습해 보자.

그런 과정을 통해 내가 정신적, 육체적 컨디션이 최악의 상태일 때 내 평소 실력이 과연 어느 정도까지 나오는지 측정해 보자.

물론 그런 연습을 아무리 해도 실전에서 긴장감이 최고조에 달하면 점수는 평소보다 떨어질 수밖에 없다. 하지만 적어도 한두 번이라도 연습해 보면 그것만으로도 수능 당일의 혼란에서 조금은 벗어날 수 있다. 무엇보다 그런 과도한 긴장으로 인해 본 실력을 발휘하지 못하고 떨어지는 점수의 낙폭을 최소화할 수 있다.

지나친 압박감은 내려놓자

평소 긴장하지 않는 편인데도 수능 시험에서는 왜 그렇게 긴장할까? '수능'이 일생일대의 단 한 번뿐인 가장 중요한 시험이라는 생각이 자리 잡고 있기 때문이다. 초등학교 시절을 제외하더라도 최소 6년간 이날만을 위해 달려왔다. 수능을 위해 살았다는 것도 과언이 아닌 만큼 잘못되면 큰일 난다는 생각을 하게 된다.

수능을 못 보면 짧다면 짧고 길다면 긴 18년의 인생이 헛된 것이 될 것 같아서, 대학을 못 가면 패배자가 될 것 같아 두려울 것이다. 하지만 살아보면 수능이라는 시험이 그렇게까지 긴장하고 볼 만큼 인생에서 가장 중차대한 시험은 아님을 깨닫게 될 것이다. 재수, 삼수로 1~2년 늦게 대학에 입학하는 것 또한 긴 인생에서 아무런 문제가 되지 않는다.

원했던 대학이 아니라 하향 지원한 대학에 입학했더라도 괜찮다. 합격한 곳에서 열심히 공부하다 보면 다른 좋은 기회를 만날 수도 있고 다른 대학에 재도전할 수도 있다. 심지어 원했던 전공이나 학과를 가지 못했더라도 얼마든지 바꿀 수 있는 길이 있다. 그렇기에 낙담하거나 인생의 실패자가 되었다고 생각할 필요는 전혀 없다.

수능이라는 시험을 열심히 준비하고 진지하게 임해야겠지만 실수하거나 망쳤다고 해서 여러분의 인생은 끝나지는 않는다. 여러분이 가고자 하는 목표가 뚜렷하고 포기하지 않는다면 길은 정말 다양하다. 직진만이 성공하는 것도 아니고, 20대에 선택한 직업을 40대에 여전히 직업으로 가지고 있으란 법도 없다. 그러니 수능 시험일에 너무 큰 긴장감이나 두려움을 가질 필요는 없다.

수능 당일 반드시
지켜야 하는 수칙들

쉬는 시간, 점심시간을 활용하라

쉬는 시간이나 점심시간에 대다수 학생은 그 직전에 본 과목의 난이도나 어렵게 나온 문제의 정답들을 가지고 같은 고사장의 친구들과 대화하는 경우가 많다. 친구들과 얘기하면 긴장감도 좀 풀리고, 내가 어려웠던 걸 다른 이들도 어려워했다는 걸 확인하면 안심되는 긍정적인 면도 있긴 하다.

하지만 나와 친구들의 답이 다르다거나 나는 어려웠는데 대체로 평이했다는 의견을 듣게 되는 순간 평정심을 유지하기란 힘들다. 오히려 여러분이 맞은 걸 수도 있는데 마음이 흔들리니 다음 시험

과목에 악영향을 끼친다. 만약 결과가 걱정되거나 시험에 몰입하느라 머리가 아프고 피로가 몰려온다면, 차라리 쉬는 시간에 눈을 감고 잠깐 엎드려 쉬는 게 좋다. 그 잠깐의 쉼으로 머리를 맑게 만들 수 있다.

수능 시험에서 쉬는 시간은 20분, 점심시간은 50분이 주어진다. 잠깐 화장실을 다녀와도, 식사를 끝마쳐도 시간이 남을 것이다. 이 시간이야말로 시험 직전에 마지막으로 공부할 수 있는 정말 귀중한 시간임을 잊어서는 안 된다. 아무리 여러 번 반복해서 본 내용도 결국 시간이 지날수록 잊힌다.

마지막까지 잘 외워지지 않아 애를 먹거나 자주 실수하는 내용들로 추린 오답 노트를 이때 펼쳐보자. 두껍고 무거운 자습서들은 눈에 잘 들어오지도 않고 그 짧은 시간 중요한 것을 찾기도 어렵다. 여러분이 손수 준비한 오답 노트를 시험 감독관이 들어와서 모든 책을 집어넣으라고 할 때까지 집중해서 볼 것을 권한다. 그 어떤 총정리의 시간보다도 효과적인 시간이 될 것이다.

등급을 가르는 과목별 세부 공략법

수학의 경우 사칙연산 과정이 너무나 복잡하고 어렵다면, 그 풀이법으로는 설령 답이 나올지라도 출제자가 의도한 풀이법은 아닌

데다 나온 답이 틀릴 위험성도 크다. 사실 수능 수학에서는 보통 기껏해야 '두 자릿수 곱하기 두 자리' 정도의 계산 능력을 요구하는 문제가 대부분이다.

괜히 잘못된 풀이법으로 문제를 풀기 시작해서 5분 이상을 허비해 버린다면 사실상 그 답은 틀릴 가능성이 매우 높다. 지나치게 복잡한 계산이 나온다면, 바로 다시 처음으로 돌아가서 나무가 아닌 숲을 보면서 다른 풀이법을 생각해 보는 시간을 갖도록 하자. 물론 그렇게 해서 5분이 지나도 풀이법의 실마리조차 떠오르지 않는다면 그 문제는 과감히 통과하고 다음 문제부터 풀자.

국어 영역이나 탐구 과목은 EBS 교재에 나온 지문이나 문제와 거의 비슷할수록 조심해야 한다. 시간을 절약해야 한다는 생각에 문제를 제대로 읽어보지도 않고 단순히 기억력과 감에 의존해 답을 내는 경우가 많다. 하지만 EBS 교재와 지문, 문제, 보기까지 똑같은 문제는 있을 수 없다. 만약 백번 양보해 지문이나 문제가 똑같다 해도 선택지가 다르거나 선택지의 조사나 어미가 살짝 다르게 나온다. 말 그대로 한 끗 차이로 다른 답이 정답이 되는 것이다.

그러니 지문과 문제만 슬쩍 보고 EBS 교재에서 미리 접했다는 생각에 정확하게 읽지도 않고 답을 정하면 어떻게 될까? 특히나 난이도가 쉬운 문제였다면 대부분의 수험생은 이 문제의 정답을 확실하게 맞힐 것이기 때문에 그 타격은 두 배가 된다.

대다수가 틀리는 문제를 틀리는 것과 대다수가 맞히는 문제를 틀리는 것은 등급이 갈리는 차이를 만든다. 그러니 낯익은 문제일수록 실수하지 않기 위해 더 집중해서 선택지의 마지막 어미까지 꼼꼼히 읽고 문제를 풀어야 한다. 다시 한번 말하지만 상위권으로 갈수록 수능은 모두 틀리는 어려운 문제를 누가 맞히느냐의 싸움이 아니다. 누구나 맞히는 문제를 틀리는 실수를 누가 더 하지 않느냐 싸움이다.

마킹은 무조건 종료 30분 전에 시작한다

보통 모의고사를 볼 때 시험 문제를 다 푼 다음 10분 정도의 시간이 남았을 때 한꺼번에 OMR 카드에 마킹하는 습관을 지닌 학생이 많을 것이다. 상위권이더라도 남는 시간에 검토를 하지 바로 마킹을 하지는 않는다. 나 역시도 현역 시절 모의고사를 볼 때부터 늘 그렇게 했는데, 단 한 번도 시간이 없어서 마킹을 제대로 못 하거나 실수를 한 채로 OMR 카드를 제출한 적이 없었다.

그런 나조차 수능 당일에 생각보다 국어 영역의 문제가 어렵게 나와서 5분을 남기고 허겁지겁 마킹을 시작해서 종 치기 30초 전에야 겨우 끝내어 안도의 한숨을 내쉬었던 경험이 있다. 최상위권 학생일수록 가장 많이 접해 보는 당황스러운 순간이 바로 이럴 때일 것이다. 나처럼 다행히도 시험 종료 종이 울리기 전에 OMR 카드 마킹을 실수 없이 완벽하게 마무리하면 그나마 에피소드로 끝날 것이다.

하지만 얼마 남지 않는 시간에 쫓겨 서둘러서 허겁지겁 마킹하다가 실수로 잘못 기입하거나, 그 와중에 OMR 카드를 새로 바꿔야 하는 경우가 생기면 상황이 꽤 심각해진다. 거짓말 같지만 마킹 실수 때문에 그 한 과목 점수를 말도 안 되게 낮게 받아서 1년을 그대로 날려버리는 최상위권 학생들을 나는 여럿 봤다.

현역 때 역대급으로 어렵게 나온 국어 문제를 시간에 쫓겨서 풀다가, 마지막 5~10문제를 같은 번호로 찍어버린 서울과학고 동기 친구들도 몇 명 있었다. 그중 한 명은 심지어 OMR 카드를 밀려서 마킹했는데 그걸 수정할 시간이 없어서 결국 1교시가 끝나고 그대로 집으로 가버렸다. 나머지 영역에서 다 만점을 받아도 재수를 해야 하는 상황임을 직감했던 것이다.

이처럼 수능은 단 하루에 치러지는 되돌릴 수 없는 실전이기에, 문제 외의 조건인 OMR 카드 마킹조차도 대비해야 한다. 결국 여러분이 문제를 완벽히 풀었는지 아닌지는 시험지가 아닌 OMR 카드를 통해 결정되기 때문이다.

가급적 고등학교 3학년 시절 모의고사 때부터 좀 귀찮고 번거롭더라도 한 문제를 풀면 바로 마킹하는 습관을 들이는 것이 제일 좋다. 이 방법이 너무 번거롭고 문제를 풀 때 집중력을 해친다면, 문제를 풀다가 30분이 남았을 경우 무조건 그때까지 푼 문제에 대한 마킹을 먼저 하고 남은 문제를 푸는 방법을 추천한다. 그러면 남은 문제만 이어서 마킹하면 되니 훨씬 안전하다.

수능 난이도에 흔들리지 말라

"시험이 어렵게 나와서 정답을 확신할 수 없는 애매한 문제가 많더라도, 그러한 애매한 문제는 결국 누구에게나 어려울 수밖에 없다. 행운은 신에게 맡기고 내가 완벽하게 정답을 아는, 풀 수 있는 문제만 실수 없이 맞히자."

시험지를 받아 든 순간 여러분이 지녀야 할 마인드이자 철칙이다. 헷갈리거나 모르는 문제를 맞히려고 노력하기보다 우선 내가 확실히 아는 문제, 즉 정답이 확실한 문제를 다시 한번 철저하게 확인해서 100% 확실하게 맞히기 위해 노력해야 한다.

계산 실수가 있을 수 있는 과목인 수학 영역 때 시간이 남았다면 우선 푼 문제부터 검토한 다음 못 푼 문제에 매달리는 것이 좋다. 물론 계산 실수가 없을 가능성이 훨씬 높기 때문에 그 시간에 못 푼 문제를 풀어서 더 높은 점수와 등급을 받고 싶을 것이다. 하지만 10분을 써서 모르는 문제 하나를 푸니 혹시나 있을 '계산 실수를 하거나 풀이법을 착각한 문제 하나'를 찾아내는 게 훨씬 이득이다.

　내가 못 푼 한 문제를 제대로 푼 사람은 많이 없을 게 분명하지만 내가 계산 실수로 틀릴 그 한 문제는 대부분의 경쟁자가 정답을 맞힐 것이기 때문이다. 따라서 수능에서는 애매하거나 못 푼 문제를 푸는 데 남은 시간을 쏟을 게 아니라 완벽하게 푼 문제를 다시 한번 체크하는 데 쓰자. 그러고 나서도 시간이 남는다면 그때 애매하거나 못 푼 문제를 한 번 더 살펴보고 점검하는 게 순리다. 이렇게 해야만 수능에서 가장 중요한 실수를 최소한으로 줄일 수 있고, 시험이 끝나도 후회하지 않는다.

에필로그

수학과 친구가 되는 순간,
공부로 꿈을 이룰 기회를 만난다

　매년 9월 말, 10월 초가 되어 어느새 찬바람이 불어오고 낮이 짧아지기 시작하면 나는 조금씩 우울해진다. 나에게 줄곧 그 시기는 과학고 입시와 대학 입시 등으로 1년 중 공부에 가장 몰두해야 하는 때였기 때문이다. 그동안 온힘을 쏟으며 준비해 온 공부의 성과를 확인하는 시기였기에 늘 긴장감이 커지고 심적으로도 쫓기는 기분이었다. 그 겨울마다 크고 작은 시험을 치르며 결과에 일희일비하기도 했고 말이다.

　그러한 경험이 나에게는 트라우마로 남았나 보다. 마지막 입시를 치른 지 20년이 넘게 지나 시간의 흐름도 잊은 채 생업에 쫓겨 정신

없이 살고 있는 요즘도 문득 출퇴근길에 찬 바람이 불고 겨울이 다가오는 것을 느끼면, 나도 모르게 그 시절의 내가 떠오른다.

이처럼 입시에서 성공했던 나조차도 직접 겪은 입시의 과정에 대한 기억은 그리 좋지만은 않다. 우리나라 입시 제도는 뭐랄까, 겨울이라는 계절이 주는 한기만큼 날카롭고 살을 베는 듯한, 그 특유의 잔인한 이미지가 머릿속 어딘가에 깊게 박혀 있는 것 같다.

과학고 입학이나 서울대 입학이라는 목표를 바라보고 짧게는 1~2년, 길게는 3년 이상 같이 공부했던 친구들 사이에서 갈리던 합격과 불합격의 순간. 그리고 그러한 과정을 10대라는 어린 나이에 겪으며 들었던 복잡미묘한 감정들은 심지어 성인이 된 이후에도 경험하기 힘든 것이다.

이것은 아직 정서적으로 미성숙하고 많이 어렸던 그 당시의 내가 이겨내기에는 꽤 힘든, 하지만 우리나라 청소년이라면 누구나 한 번 이상은 경험해야 하는 통과의례 같은 과정이다. 사실 지나고 보면 그렇게까지 긴장하거나 마음을 졸이고 또 결과에 마음 아파할 필요까지는 없었는데 당시에는 그게 마치 생과 사의 기로처럼 느껴졌다.

결과가 좋게 나온 순간에도 수년간 함께하다 불합격이라는 결과를 받아든 친구들 때문에 죄인이 된 것 같은 심정에 마음 한구석이 절대 개운하지 못했다. 세상의 냉정함을 피부로 느낀 순간들이었다.

입시를 여러 번 치르면서 깨닫게 된 것이 있다. 입시는 그동안 열심히 공부했던 내 실력을 시험과 면접, 논술 등으로 마음껏 펼칠 수 있는 경연의 장이 아니다. 더 높은 점수를 받거나 더 높은 실력을 쌓고도 지원 전략이나 면접 준비의 실패 등으로 고배를 마시는 친구들이 있었는가 하면, 기대한 점수를 받지 못했지만 지원 전략을 잘 짜고 구술 면접이나 논술 등을 통해 당당히 합격이라는 결과를 거머쥔 친구들도 다수 있었다.

즉, 입시는 무조건 1점이라도 높은 사람을 뽑는 기계적인 선발이 아니라 살아 있는 생물의 생존 전략 같은 것이다. 그래서 이 책을 통해 입시의 여러 과정마다 여러분이 지녀야 할 마음가짐이나 자세, 그리고 대응법 등을 최대한 설명하고자 했다.

실제로 나는 처음 입시를 경험했을 때보다 두 번, 세 번 입시를 경험한 뒤에야 비로소 이 과정 전체에서 나의 전략을 더 명확히 세울 수 있었다. 수능 시험을 포함한 모든 과정을 어떤 호흡으로 대비해야 하는지, 그리고 어떻게 힘을 분배해야 가장 최선의 결과를 얻을 수 있는지를 정확히 알게 되어 이를 토대로 명확한 계획을 세워 실행할 수 있었다.

그래서 나는 서울대 전기공학부를 붙었을 때보다는 서울대 의대에 합격했을 때의 입시가 더 쉽게 느껴졌다. 심지어 이미 머리가 굳을 대로 굳은 30대 초반에 치른 서울대 치의학전문대학원 입시는 모든 과정이 너무나 쉽고 자연스럽게 느껴졌다.

　이 책을 읽은 여러분도 분명 짧게는 1~2년 뒤, 길게는 4~5년 뒤에 이러한 입시를 앞두게 될 것이다. 원하는 대학의 원하는 학과를 가고자 한다면 통과의례처럼 수학능력시험과 같은 입시 과정을 거쳐야 할 때가 온다. 그 모든 순간에 수학이 여러분의 자신감이 되고 발판이 되어주기를 바란다.

　수학은 여러분이 더 큰 세상에 나아가고 꿈을 이뤄갈 기회를 안겨준다. 수능을 1년여 앞두고 다른 과목 공부를 마무리하느라 바쁜 와중에도 수학은 무너지지 않는 든든한 버팀목이 된다.

　수학이 자신과는 상관없는 과목이라는 생각에, 아무리 노력해도 극복할 수 없는 대상이라는 착각에 사로잡히지 말자. 수학은 타고난 재능이 없거나 공부를 조금 늦게 시작해도 충분히 정복할 수 있는 과목이다. 차근차근 한 단계씩 밟으며 공부해 두면 반드시 선물로 돌아온다.

　사실 수학은 '정복'이라는 단어와 어울리지 않는다. 무조건 정복해야 하는 대상이기보다는 친해지고 가까워져서 평생의 동반자이자 친구가 될 수 있는 과목이기 때문이다. 수학에 들인 시간과 노력은 절대 여러분을 배신하지 않는다는 진리를 늘 명심하길 바란다.

　수학 내공을 쌓는 방법부터 무조건 등급을 높이는 실전 전략까지 내가 직접 공부하며 체득한 모든 노하우를 이 책에 담았다. 이를 자신의 상황에 맞춰 적절히 적용하고 익힘으로써 여러분이 처음 경험하는 입시를, 조금은 냉정하고 잔혹한 입시를 조금이나마 친숙하고 쉽게 느끼는 계기가 되길 바란다.

대한민국
학부모님들께
드리는
4가지 조언

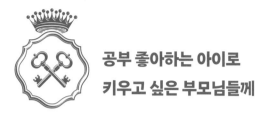

공부 좋아하는 아이로
키우고 싶은 부모님들께

믿고 기댈 수 있는 든든한 바탕이 되어주세요

이 책을 읽는 또 다른 독자층은 아마 공부하는 자녀를 둔, 자녀교육에 관심이 많은 학부모님들일 것입니다. 저는 아직 학부모가 되지는 않았지만 어렸을 때 누구보다도 열심히 공부하고 수많은 입시를 겪으면서 깨닫게 된 것을, 미래의 제 자식에게 해주고 싶었던 말을 적어보려 합니다. 그 누구보다도 자신의 자녀가 시험이나 입시에서 좋은 결과를 얻길 바라는 부모님들에게 꼭 한 번 전하고 싶었던 이야기이기도 합니다.

우선 이야기를 본격적으로 시작하기에 앞서 여러분에게 질문하고 싶은 것이 있습니다.

"혹시 여러분의 자녀는 부모님이 자기를 이 세상에서 가장 사랑하고 있다는 사실을 알고 있을까요?"

보통 학부모님들은 자녀를 열심히 먹이고 입히고 기르면 그들이 부모의 진심과 사랑을 십분 알 것이라고 생각합니다. 마치 드라마 「SKY 캐슬」에서처럼 자식을 비싸고 유명한 학원에 보내거나 공부에 몰두할 수 있는 최적의 환경을 만들어주면, 이를 위한 부모의 노력은 굳이 말하지 않아도 자녀들이 모두 헤아려주리라 기대합니다.

하지만 안타깝게도 드라마에 나오는 수많은 자녀가 그랬듯이, 현실의 대치동 키즈들이나 유명 학원가 아이들도 그러한 부모의 헌신과 노력을 온전히 사랑으로 느끼지는 못합니다. 아무리 세상에서 떼려야 뗄 수 없는 부모 자식 관계여도 행동이나 말로써 적극적으로 표현하지 않는다면 상대방의 의중을 정확히 알기가 쉽지 않습니다. 아니, 오히려 잘못 생각하거나 의심할 가능성이 더 높습니다.

'부모님은 나를 사랑해서 명문대에 가길 바라는 게 아니라 명문대에 간 자식을 갖고 싶은 게 아닐까?'

'공부를 잘하는 나를 사랑하시는 거야. 내가 만약 공부를 못하면 날 미워하실 거야.'

'우리 부모님은 내 마음은 안중에도 없고 오로지 성적이랑 등수만 생각하셔.'

이런 생각이 들면 상처투성이가 되어 늘 불안한 마음으로 사춘기를 보내게 됩니다. 한창 감수성이 예민하고 감정적일 수밖에 없는 10대에는 설령 그것이 순간의 감정이고 절대 사실이 아닐지라도, 그 순간 공부에 대한 의지를 잃고 엇나가 버릴지도 모릅니다.

저 역시 어린 시절 중요한 시험을 앞두고 가장 걱정하고 떨었던 것은 시험을 잘 못 보거나 합격하지 않을 수도 있다는 두려움 때문이 아니었습니다. 부모님을 만족시키지 못하고 실망감을 안길 수도 있다는 두려움 때문이었습니다. 1등을 하지 않으면 부모님이 나를 사랑하지 않을 거라는 두려움에 사로잡혀 극도로 긴장하며 시험을 망치기도 했습니다.

잘하지 못해도 괜찮다는 진심을 전해주세요

좋은 학원을 선택하고 좋은 교육 환경을 제공하는 것보다 부모에게 더 중요한 것은 마음으로 온전히 느낄 수 있도록 표현하는 일입니다. 누구보다 가까이에서 자녀에게 감정적으로 큰 영향을 미칠 수밖에 없는 부모라는 존재의 가장 큰 역할은, 공부라는 큰 스트레스를 겪을 아이들에게 정신적으로 든든한 지원을 해주는 것이라는 사실을 기억해 주세요.

최선을 다해 열심히 공부하고 좋은 성적을 얻는 게 제일 최우선의 목표이겠지만, 설령 성적이 만족스럽지 않더라도 최선을 다한 행위 자체는 절대 무의미하거나 헛된 것이 아닙니다. 좋은 성적이나 합격이라는 결과물을 만들어내지 않더라도 부모는 자식을 이 세상 누구보다 사랑하고 지지하고 있음을 순간순간 공부의 고비마다 자녀에게 알려주고 표현해야 합니다. 그래야 아이는 공부의 목적도 방향도 잃지 않습니다.

경쟁과 입시라는 극한에 내몰린 사춘기 학생은 아무리 부모의 사랑을 매일같이 표현해도 들으려 하지 않을 수도 있습니다. 오히려 이를 의심하고 마음의 벽을 세울 수도 있습니다. 그렇기에 더욱더 자식에게 정신적 안정과 지지가 되어주려는 부모의 노력이 필요합니다. 무슨 일이 있어도 지금 이대로의 자신을 사랑해 준다는 부모에 대한 확신이 있으면, 아이들은 비록 실패했더라도 언젠가 더 높이 비상할 수 있습니다.

여러분의 사랑이 온전히 자녀에게 전달되기를 바란다면 꼭 말로 자주 표현해 주세요. 시험에서 좋은 성적을 내거나 합격하지 못해도 꼭 1등을 하지 않아도 괜찮다고 이야기해 주세요. 초중고로 이어지는 긴 공부의 여정에서 고비를 만날 때, 큰 시험을 앞두고 힘들어할 때 부모가 건네야 할 말은 '열심히 공부했으니 잘할 거야'가 아닙니다.

이 세상에서 가장 나를 응원하고 가장 나를 위해 노력하는 존재인 부모님의 입에서 이런 말들이 반복적으로 나오면, 대다수의 학생은 그 말을 '순수한 응원'으로 받아들이지 않습니다. 부모님의 응원이 오히려 시험에 임할 때마다 '꼭 잘 봐야 한다'는 부담이 되고, 긴장감을 높이는 요인으로 작용할 확률이 높습니다. 그만큼 부모님의 노력과 수고를 잘 알고 있어 그것에 보답하고 싶은 마음이 크기 때문입니다.

　그러니 큰 시험이나 입시를 앞두고 학부모가 자녀에게 진심으로 해야 할 얘기는 다음과 같은 말입니다.

　"네가 시험에서 좋은 결과를 얻지 못하거나 불합격하더라도, 너는 이미 너무나도 소중하고 사랑스러운 내 아들(딸)이야. 그러니까 결과에 연연하거나 걱정하지 말고, 마지막까지 최선만 다해주렴. 그것만으로 엄마(아빠)는 충분히 널 자랑스럽게 생각한다."

　이런 말이야말로 여러분의 자녀들이 강한 부담감이나 긴장감을 느끼지 않고, 온전히 공부와 시험에만 집중하도록 돕는 응원의 말입니다.

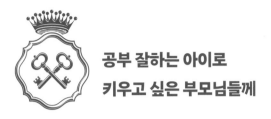

공부 잘하는 아이로
키우고 싶은 부모님들께

때로는 공부가 상처를 남기기도 합니다

저는 다행히 운 좋게도 공부 과정에서 겪는 직간접적 위기를 극복했습니다. 하지만 사실 세상 모든 일이 그렇듯, 겉으로는 완벽하게 극복한 듯 보여도 아무런 상처를 남기지 않은 것은 아닙니다.

한창 감수성이 예민하고 부모님의 보살핌과 친구의 공감이 필요한 나이에, 오로지 책상 앞에만 앉아 교과서와 자습서, 문제집을 보고 또 보았습니다. 친구나 가족과의 시간은 모두 포기한 채 초등학교 고학년 무렵부터 고등학교 때까지 거의 10년 가까운 시간 동안 제 인생의 대부분을 공부에 갈아 넣었습니다.

그 시기가 저에게 영광스러운 성과를 가져다 준 것은 분명한 사실입니다. 하지만 모든 일은 양면이 있듯, 당시에 마땅히 경험하고 누려야 할 청소년기의 다양한 경험과 배움을 공부로 인해 희생하고 포기할 수밖에 없었습니다. 그로 인해 저에게는 어쩌면 평생 갈지도 모를 트라우마가 생겼습니다.

저에게 공부라는 대상이 주는 의미를 좀 극단적으로 비유하면 수도승의 생활, 아니 교도소의 수감 생활과 같다고 생각합니다. 사방이 막혀 있는 방 안에서 저에게 허락된 건 오직 책이나 영상으로 접하는 끝없는 학습 내용뿐이었습니다. 충분한 수면이나 식사 시간도 확보하지 못한 채 바삐 공부에만 매달리는 게 일상이었습니다.

물론 저는 원한다면 밖에 나가서 운동하면서 뛰어놀 수도 있었고, TV를 보면서 깔깔대고 웃을 수도 있었으며, 가족들과 많은 시간을 보내고 대화를 주고받으며 정서적 위안을 얻을 수도 있었습니다. 하지만 공부를 잘해야 한다는 대전제와 목표를 이뤄야 한다는 집념 앞에서 청소년기에 꼭 필요한 이런 시간은 사치 그 이상도 이하도 아니었습니다. 만약 그런 시간을 맘껏 누렸다면 그만큼 성적이 하락하는 현실도 감수해야 했을 것입니다. 하나를 얻으면 다른 하나를 잃을 수밖에 없는 세상의 냉정한 법칙은 공부에도 적용되기 때문입니다.

결국 저는 주변 사람들과의 즐거운 추억 대신 공부에 모든 시간을 쏟아부으며 초중고 시절 다양한 경험을 통해 얻을 수 있는 사회성이나 정서적인 안정성 등을 기를 수 있는 시간을 놓쳐버렸습니다. 성공적으로 서울대학교 전기공학부 진학이라는 목표를 이룬 직후에는 그동안 제가 공부를 위해 놓친 수많은 것을 바로 알아챌 수는 없었습니다. 아니 그때는, 그런 경험들이 일부 부족하더라도 이제 제게 주어지는 긴 대학 생활 동안 보충하면 된다고 생각했습니다.

중요한 정서 형성의 시기를 놓치지 마세요

하지만 대학교 진학 후 여러 분야의 다양한 사람을 만나면서 깨닫게 된 사실은, 10대 시절을 공부에 올인하면서 정서적 또는 정신적으로 놓치거나 잃게 된 것들이 생각보다 꽤 큰 결핍으로 남았다는 점입니다.

성인이 되어 인간관계를 맺고, 어떤 집단에 속해 사회생활을 할 때 바로 티가 나거나 결정적인 흠이 되지는 않았지만 스스로는 순간순간 어려움을 느꼈습니다. 문제라고 생각한 제 성격의 여러 결함을 되돌아보니, 공부에만 몰두하고 스트레스를 받았던 10대 시절의 트라우마나 상처들이 쌓여 만들어진 경우가 대부분이었습니다.

20대 시절 내내, 아니 어쩌면 30대 초중반까지도 저는 의식적으로 10대 때 경험하지 못하거나 느끼지 못했던 것들을 뒤늦게나마 채우고자 부단히 노력했습니다. 마음 깊은 곳에 박혀 있는 트라우마도 해소하고자 많은 노력을 기울였습니다. 다행히 어느 정도 회복되어 저 자신에게도 위안이 되었습니다. 지금도 제 유튜브의 구독자분들이 가끔씩 '원장님은 그렇게 공부를 잘한 사람이 아닌 거 같아요'라고 얘기하는 것도 어쩌면 그러한 노력의 결과일 것 같습니다. 희한하게도 그런 말들에 기분이 좋아지곤 합니다.

그럼에도 40대가 된 지금까지 10대 시절의 일부 생채기들은 치유되지 못한 채 남아 있습니다. 농담 반 진담 반으로 주변 사람들에게 '난 우리나라 사교육 시장이 만든 괴물'이라고 표현할 정도입니다.

그래서 사랑하는 자녀들의 교육에 몰두하고 있을 부모님들에게 꼭 당부하고 싶은 말이 있습니다. 입시 경쟁에서 승리하고 좋은 대학에 진학하는 과정에서 소중히 돌봐야 하는 것은 성적표가 아니라 자녀들의 정서라는 사실을 명심하시길 바랍니다.

안정적인 정서야말로 치열한 입시 전쟁 속에서도 덜 상처 입고 건강한 정신을 지닌 성인으로 성장하는 데 필요한 것입니다. 자녀의 평생 인성을 결정하는 이 정서는 안타깝게도, 학생의 본분이라며 공부를 최우선 과제로 강조하는 중고등학교 시기까지의 모든 성장기에 갖춰집니다.

공부에 때가 있는 것처럼 정서 역시 때가 있습니다. 공부는 나이가 들어서도 의지만 있다면 충분히 다시 도전하고 성공할 수 있지만, 사춘기 시절 겪어야 할 경험을 나이가 들어서 하는 데는 분명히 한계가 있습니다. 그때 비로소 수습하고 노력하기에는 너무 늦은 것이 된다는 점을 기억해 주세요.

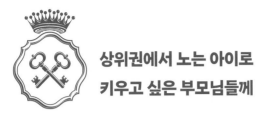

상위권에서 노는 아이로
키우고 싶은 부모님들께

학원만 보내면 알아서 실력이 쌓일까요?

요즘 강남 대치동에서는 영어 유치원이 거의 의무화되다시피 해서 아이가 영어 유치원에 다니지 않으면 오히려 특이한 경우로 여겨진다는 얘기를 들었습니다. 유치원생 연령대의 자녀를 둔 제 과학고나 서울대 동문 친구들의 이야기를 들어보면 영어 유치원은 부부 사이에서도 많이 고민하는 주제라고 합니다. 과연 부담되는 값비싼 비용을 들이면서까지 영어 유치원에 다니는 것이 의미 있는 일인지, 우리 아이를 영어 유치원에 보내야 할지 말아야 할지 등을 두고 부부 싸움을 할 정도라고 합니다.

아이의 성장을 위해 물심양면으로 돕고 싶지만 어떤 길이 맞는지 잘 몰라 고민하는 건 모든 부모 마음이 똑같으리라 생각합니다. 그때마다 동기들과 술자리나 단체 대화방에서 늘 하는 이야기를, 누구보다도 공부 잘하는 상위권의 공부 실력을 가진 아이를 만들고 싶은 부모님들에게 이 자리를 빌려 드리고자 합니다.

저와 그러한 이야기를 자주 주고받는 과학고와 서울대 동기들은 우리나라에서 공부로 극상위권에 있었던 사람들이라 할 수 있습니다. 그렇기에 저와 마찬가지로 대치동 학원에서 대치동 키즈로 길러졌든 아니면 사교육 없이 독학만으로 공부했든, 어떤 과정을 거쳐야 공부를 잘하게 되는지를 누구보다 잘 알고 있는 사람들입니다. 본인이 직접 경험한 것만큼 살아 있는 지식은 없을 것이기 때문입니다.

이처럼 우리나라에서 누구보다 공부법을 잘 알고 있다고 자부하는 저와 제 지인들이 '어떻게 하면 자식을 상위권의 학생으로 만들 수 있을까?'를 고민할 때 이구동성으로 하는 이야기가 있습니다.

'좋은 학원을 보내고 좋은 과외 선생님을 붙여준다고 해서 그것이 바로 상위권의 성적으로 연결되지는 않는다.'

이는 어쩌면 '지구는 둥글다' 만큼 당연하고 뻔한 말로 들릴 수 있습니다. 공부는 학원이나 과외 선생님이 아니라 학생이 하는 것이기 때문입니다. 하지만 앞에서 예시로 언급했던 '영어 유치원' 이야기처럼, 아쉽게도 많은 부모님이 중요하지만 정말 기본적이고 당연한 이 사실을 간과하고 있는 것 같습니다.

제 유튜브에서도 얘기한 적이 있지만, 좋은 학원을 보내고 좋은 과외 선생님께 보내는 것은 상위권 학생이 되기 위한 보조적인 수단이자 출발점일 뿐입니다. 만약 여러분의 자녀가 유명하다는 좋은 학원에 가서 3시간 동안 열심히 수업을 들었다고 생각해 봅시다. 아마 이 글을 읽는 대부분의 부모님은 3시간이나 수업을 듣고 공부했으니 집에 와서는 좀 쉬어도 괜찮다고 생각하실 것입니다.

누구보다 대치동 학원에서 많은 수업을 듣고 유명하다는 과외 선생님으로부터 수많은 과외를 받은 저는, 제가 받은 3시간의 수업을 완벽하게 제 것으로 만들기 위해 집이나 독서실에 가서 3시간 이상의 자습 시간을 가졌습니다.

제가 성실하거나 완벽주의자여서가 아니라, 그렇게 해야만 그 귀한 3시간의 수업이 온전히 저의 실력과 성적으로 연결된다는 것을 어느 순간부터 경험적으로 깨달았기 때문이었습니다. 이를 위해서는 학생 본인의 의지도 중요하지만 그러한 학원을 보내는, 누구보다 자식이 상위권 학생이 되길 간절히 바라는 부모님의 의지도 필요하다는 말씀을 드리고 싶습니다.

스스로 공부하는 자녀 곁에는 부모님이 필요합니다

자녀를 유명 학원에 보내는 대다수의 부모님은 자녀들이 그곳에 다니기만 하면 알아서 실력이 늘 것이라 기대하며 교육의 압박이나 스트레스에서 해방될 수 있다고 생각합니다. 학원이 자녀들의 성적 향상뿐만 아니라 부모들에게 여유 시간을 제공하고 스트레스를 덜어주는 역할도 하니 값비싼 비용도 충분히 낼 가치가 있다고 여깁니다.

하지만 이는 완벽하게 잘못된 생각이자 착각임을 깨달아야 합니다. 아무리 비싸고 유명한 학원과 과외를 다니더라도 결국 공부는 학생 본인이 하는 것입니다. 한창 나가서 놀고 싶고 여러 유혹에 빠지기 쉬운 10대 학생이 스스로 공부하도록 이끌 수 있는 건 그 학생을 가장 가까이서 지켜보는 부모님밖에 없습니다.

저 역시도 초등학생 때까지는 어머니가 곁에서 늘 함께 지켜봐 주신 덕분에 공부 외의 여러 유혹을 이겨내고 스스로 공부하는 시간을 보냈습니다. 그리고 '스스로 하는 공부'의 가치를 경험으로 깨닫게 된 중학교 시절부터는 스스로 강한 자제력을 길렀고 학원과 과외를 마친 뒤 배운 것을 온전히 제 것으로 만들기 위한 자습 시간을 두었습니다.

여러분의 자녀를 정말 공부를 잘하는 상위권 자녀로 만들고 싶다면, 단지 좋은 학원을 보내고 좋은 과외 선생님을 붙여주는 것 이상의 노력과 관심이 필요하다는 점을 명심하길 바랍니다. 자녀들을 스스로 공부하게 만드는, 소위 말하는 가정 내 '면학 분위기'를 만들기 위해 누구보다 노력하고 신경 써야 합니다. 물론 이 과정이 절대 쉽지는 않을 것입니다. 그래도 계속 노력하고 조금 더 관심을 둔다면 충분히 자녀들도 부모님의 뜻대로 따라올 것입니다.

불행히도 대다수의 부모님은 본인들이 했던 공부량이나 공부 실력보다 훨씬 더 높은 수준을 자식들에게 기대합니다. 그리고 그것을 부모로서 소중한 자식들이 잘되길 바라는 마음을 담은 사랑의 표현이라 여깁니다. 하지만 문제는 본인들이 가지 못한 길을 자식들에게 바라고 강요하는 순간부터, 잘 알지 못하는 교육법이나 훈육법 또한 자식에게 사용하는 시행착오를 겪어야 한다는 것입니다. 그리고 이를 위해서는 스스로 공부해야 하는 자식보다도 더 큰 노력과 준비가 부모님에게도 필요합니다.

'공부 잘했던 부모 밑에서 공부 잘하는 아이가 태어난다.'

저는 이 말이 그러한 배경을 담고 있다고 생각합니다. 물론 유전의 힘도 부정할 수는 없겠지만 그보다 더 중요한 것은 '공부를 스스로(아니면 반강제적으로라도) 하는 방법을 부모가 아는가?'입니다. 공부를 잘했던 부모님들은 그것을 경험으로 잘 알기에 교육법을 자녀에게 성공적으로 적용할 수 있지만, 그렇지 않은 부모님들이라면 책이나 다른 여러 전문가의 조언 등을 통해 어떻게든 배우고 익혀서 자녀들에게 적용해야 할 것입니다.

단순히 많은 시간과 비용을 들이면서 자식들을 대치동 학원에 데려다주거나 학원에서 수업을 듣게 한 뒤 다시 집으로 데려오는 것만으로는 상위권 자녀를 바라는 부모님의 역할이 끝나지 않는다는 사실과, 오히려 그때부터 비로소 부모님의 역할이 시작된다는 사실을 마음속에 늘 명심하시길 바랍니다.

SKY 자녀로
키우고 싶은 부모님들께

대학 간판을 바꾸는 마지막 실전 전략을 세워주세요

요즘은 수시 제도의 활성화와 정책의 확대로 과거에 비해 더 많은 학생이 수시를 선택하는 추세입니다. 수시 모집을 통해 대학 합격을 어느 정도 결정지은 학생들은 수능 최저 등급 기준만 맞춘다면 더 이상의 입시를 진행할 필요는 없을 것입니다.

하지만 최근 수시 입학의 공정성 논란이 일면서 정시 비중이 확대될 전망입니다. 서울대의 경우 2023 입시에서 정시 비율을 40%로 늘렸고 기타 주요 대학들도 대동소이합니다. 또 이과계 최상위권 학생들이 많이 지원하는 의치대의 경우에도 여전히 정시로 뽑는 인원수는 꽤 많습니다.

　정시파 수험생들에게는 대학별 지원 전략이나 구술 면접, 논술 고사 등이 대학 간판을 바꿀 중요한 요소입니다. 따라서 수능 직후의 입시 전략과 관련해 제가 직간접적인 경험을 통해 알게 된 여러 가지 소소하지만 중요한 정보를 전달하고자 합니다.

　먼저 정시로 대학에 지원할 때 신경 써야 하는 요소는 그 학과 합격자들의 평균 점수가 아닙니다. 그 학과의 커트라인, 즉 합격자 중에 가장 낮은 수능 점수가 몇 점인지를 주목해야 합니다. 소위 입시에서 말하는 문을 '열고' 들어갈지 '닫고' 들어갈지는 전혀 중요하지 않습니다. 중요한 것은 합격생 중 꼴찌로 문을 닫고 들어가더라도 그 학과에 합격해서 당당히 입학식에 참여하는 것입니다.

　보통 수능 점수를 분석하는 여러 기관들이나 입시 관련 커뮤니티들에서 언급하는 점수는 합격자들의 평균 점수입니다. 우리는 그 평균 점수와 커트라인을 분리해서 생각할 필요가 있습니다. 물론 일반적으로는 합격자의 평균 점수가 높은 학과일수록 커트라인 점수도 높은 것은 사실입니다. 하지만 제가 직접 여러 번 입시를 경험하고 과외 및 학원 선생님으로서 직간접적으로 참여한 입시 전력에 비추어볼 때, 이러한 경향이 일치하지 않는 학과는 늘 있습니다. 합격자들의 평균 점수는 분명히 높고 상위권에 드는 대학이나 전공학과이지만, 커트라인 점수는 상상 외로 낮은 곳이 있습니다. 보통 그런 학과들의 입시 결과를 수험생들은 '무너졌다'라는 은어로 표현합니다.

심지어 서울대학교에서조차 입시 결과가 무너지는 학과들이 매해 나타나는데, 이런 현상에는 늘 특징이 있습니다. 모집 인원수가 많은 학과가 상대적으로 커트라인 점수가 현격히 낮을 가능성이 매우 높았습니다. 서울대를 예로 들면 공대에는 기계공학부와 전기공학부가 있습니다. 일반적으로 다른 과들이 보통 50~100명을 모집하는 것에 비해 두 학부는 200명이 넘는 학생을 모집합니다. 공대학과들이 인원수가 꽤 많기도 하고 2~3개의 과가 합쳐진 학부이기도 해서입니다.

제가 입시를 지켜본 2000년대 초중반에 약 5년 넘는 기간 동안, 이 전기공학부와 기계공학부에서 일명 무너지는 현상이 번갈아가며 나타났습니다. 보통 합격자 평균 점수가 제일 낮은 공대의 과보다도 커트라인이 낮았습니다. 기계공학부와 전기공학부가 공대의 10개 가까이 되는 학과 중에서도 컴퓨터 공학부와 함께 소위 말하는 빅3 안에 드는 인기 학과인데도 말입니다.

따라서 서울대 이과든, 문과든, 또는 다른 대학교든 상대적으로 낮은 수능 점수를 구술 면접이나 논술 고사 등으로 만회하려는 의도로 커트라인이 낮은 학과를 고르고 싶다면, 무조건 모집 인원수가 많은 학과에 지원하기를 권합니다.

이것은 의대나 치대도 마찬가지입니다. 의대의 인기가 본격적으로 올라가기 시작하여, 제가 정시에 응시한 2003년에도 다른 대학교 의대에 비해 정시 모집 인원수가 많았던 서울대나 연대의 커트라인은 상대적으로 꽤 낮았습니다. 그래서 다른 인서울 의대에 비해 낮은 점수를 가지고도 구술 면접과 논술 고사 등에서 좋은 성적을 받아서 입학한 학생이 꽤 많았습니다. 이런 속사정은 합격자들의 평균 점수에 가려져서 잘 알려지지 않지만, 합격이 최우선 목표인 수험생들에게는 꽤나 도움이 되는 정보가 됩니다.

또한 서울대, 연대, 경희대처럼 의대와 치대가 모두 있는 대학교에서 늘 논란이 되는 주제가 있습니다. '올해는 치대의 커트라인이 의대의 커트라인보다 높아질 수 있다'는 얘기가 그것입니다.

"상대적으로 의대의 모집 인원수가 치대의 모집 인원수보다 많기 때문에 의대에 지원하기엔 살짝 부족한 점수를 가진 학생들이 차선책으로 치대에 지원하는 거야. 그래서 커트라인 자체는 인원수가 적은 치대가 높아지는 거지. 정작 치대를 지원하고 싶은데 점수가 조금 낮은 학생들은 차라리 같은 대학의 의대를 지원하는 게 합격할 확률을 조금이나마 높일 수 있어."

하지만 입시 역사상 같은 대학의 치대 커트라인이 의대 커트라인보다 높았던 적은 한 번도 없었습니다. 거의 차이가 없게 좁혀진 적은 몇 번 있습니다만, 전통적으로 의대의 선호도가 치대의 선호도보다는 조금 높기 때문에 의대의 입시 정원수가 치대에 비해 두 배 이상 많더라도 의대의 커트라인은 늘 치대보다 높았습니다. 이 사실을 이 책을 읽는 많은 의치대 지망생들이 염두에 두었으면 합니다.

물론 요새 추세로는 의대의 커트라인이 치대의 커트라인보다 현격하게 높아지고 있습니다. 다만 이 책이 나오고 몇 년 후에는 또 치대의 커트라인이 5~10년 전처럼 의대의 커트라인과 거의 근접하는 상황도 나올 수 있기 때문에, 그런 시절의 얘기도 덧붙인 것으로 생각해 주길 바랍니다.

면접과 논술 고사를 위해 필요한 건 사교육이 아닙니다

면접이나 논술 고사와 같은 수시 공략법에 관해 이야기할 때 가장 강조하고 싶은 점은 사교육에 너무 집착할 필요가 없다는 것입니다. 면접과 논술 고사 사교육에서 얻을 정보는 사실 한 가지밖에 없습니다. 바로 자신이 지원하고 싶은 대학과 특정 학과의 기출문제들입니다.

수능을 본 후 한 달 정도의 시간 동안, 면접 및 논술 실력을 갑자기 끌어올리는 데는 분명 한계가 있습니다. 짧게는 2~3주, 길게는 한 달 정도 되는 시간 동안 비싼 비용을 내고 면접 및 논술 고사 특강을 듣는다고 해도 정작 그 시험에 필요한 깊은 내공은 절대 쌓이지 않습니다. 면접이나 논술 고사 당일 구술하거나 서술할 내용 자체는 그동안 쌓아온 실력으로 채워야 한다는 뜻입니다. 대치동으로 대표되는 유명 사교육 시장에서 족집게 강의를 듣는다고 한들, 그들의 강의가 그대로 적중할 가능성은 거의 없습니다.

구술 면접과 논술 전형은 수험생 개개인이 얼마나 기초부터 차근차근 역량을 쌓아왔는가를 주관식으로 평가하는 시험입니다. 따라서 수학을 예로 들면, 수능 준비를 하며 보았던 가장 깊은 난이도의 자습서나 문제집을 다시 한번 꺼내서 반복하여 보고 익히며 수학적 감각을 끌어올리는 것이 좋습니다. 이 수시 전형을 위해 수험생에게 필요한 준비와 태도는 단 두 가지뿐입니다. 내게 가장 친숙한 오래 봐온 자습서를 살펴보면서 그간 쌓은 실력을 정돈하고, 높은 수준의 문제가 나와도 자신이 알고 있는 모든 지식과 내공을 다 보여주려는 태도를 지녀야 합니다.

참고로 서울대 수시의 경우 정식으로 출제된 문제뿐 아니라 히든 문제도 있습니다. 주어진 10분 안에 문제를 다 풀어 시간이 남은 학생들에게 심사위원으로 들어간 교수님들이 서랍 속에 숨겨둔 추가 문제를 꺼내 보여줍니다. 그리고 만약 그 학생이 내신이나 수능 점수가 보통 수준이라면, 그 문제를 보았느냐 아니냐가 사실 그 입시의 당락을 가른다고 저는 생각합니다. 제가 경험한 서울대 면접과 논술 고사는 수시 모집이든 정시 모집이든 모두 그러했습니다.

이처럼 학교마다 그 학교의 입시를 겪었던 지인이나 선배 학생들에게 자세한 입시 정보를 물어보는 게 큰 도움이 됩니다. 구술 면접 고사에서 공식적으로 발표된 문제 외에 그 문제를 10분 안에 여유 있고 완벽하게 다 푼 사람들에게만 보여주는 추가 문제가 있다는 사실은, 어떤 대치동의 유명한 학원에서도 알기 힘든 정보일 것이기 때문입니다.

서울대 3번 입학, 14년을 다니며 깨달은 공부의 본질

수학을 잘하고 싶어졌습니다

초판 1쇄 발행 2022년 12월 19일
초판 2쇄 발행 2023년 1월 9일

지은이 서준석
펴낸이 김선식

경영총괄 김은영
콘텐츠사업2본부장 박현미
기획편집 권예경 **책임마케터** 오서영
콘텐츠사업7팀장 김민정 **콘텐츠사업7팀** 김단비, 권예경
편집관리팀 조세현, 백설희 **저작권팀** 한승빈, 김재원, 이슬
마케팅본부장 권장규 **마케팅1팀** 최혜령, 오서영
미디어홍보본부장 정명찬 **디자인파트** 김은지, 이소영 **유튜브파트** 송현석
브랜드관리팀 안지혜, 오수미 **크리에이티브팀** 임유나, 박지수, 김화정 **뉴미디어팀** 김민정, 홍수경, 서가을
재무관리팀 하미선, 윤이경, 김재경, 안혜선, 이보람
인사총무팀 강미숙, 김혜진, 지석배
제작관리팀 박상민, 최완규, 이지우, 김소영, 김진경, 양지환
물류관리팀 김형기, 김선진, 한유현, 전태환, 전태연, 양문현, 최창우
외부스태프 글 정리 이은영 **디자인** 어나더페이퍼

펴낸곳 다산북스 **출판등록** 2005년 12월 23일 제313-2005-00277호
주소 경기도 파주시 회동길 490 다산북스 파주사옥
전화 02-704-1724 **팩스** 02-703-2219 **이메일** dasanbooks@dasanbooks.com
홈페이지 www.dasanbooks.com **블로그** blog.naver.com/dasan_books
용지 IPP **인쇄** 북토리 **코팅 및 후가공** 제이오엘앤피 **제본** 다온바인텍

ISBN 979-11-306-9555-6 (13370)

다산북스(DASANBOOKS)는 독자 여러분의 책에 관한 아이디어와 원고 투고를 기쁜 마음으로 기다리고 있습니다.
책 출간을 원하는 아이디어가 있으신 분은 다산북스 홈페이지 '원고투고'란으로 간단한 개요와 취지, 연락처 등을 보내주세요.
머뭇거리지 말고 문을 두드리세요.